シナノキの樹皮の糸を濡らして撚りをかけたあと。枠に巻かれ、風に揺れながら出番を待つ

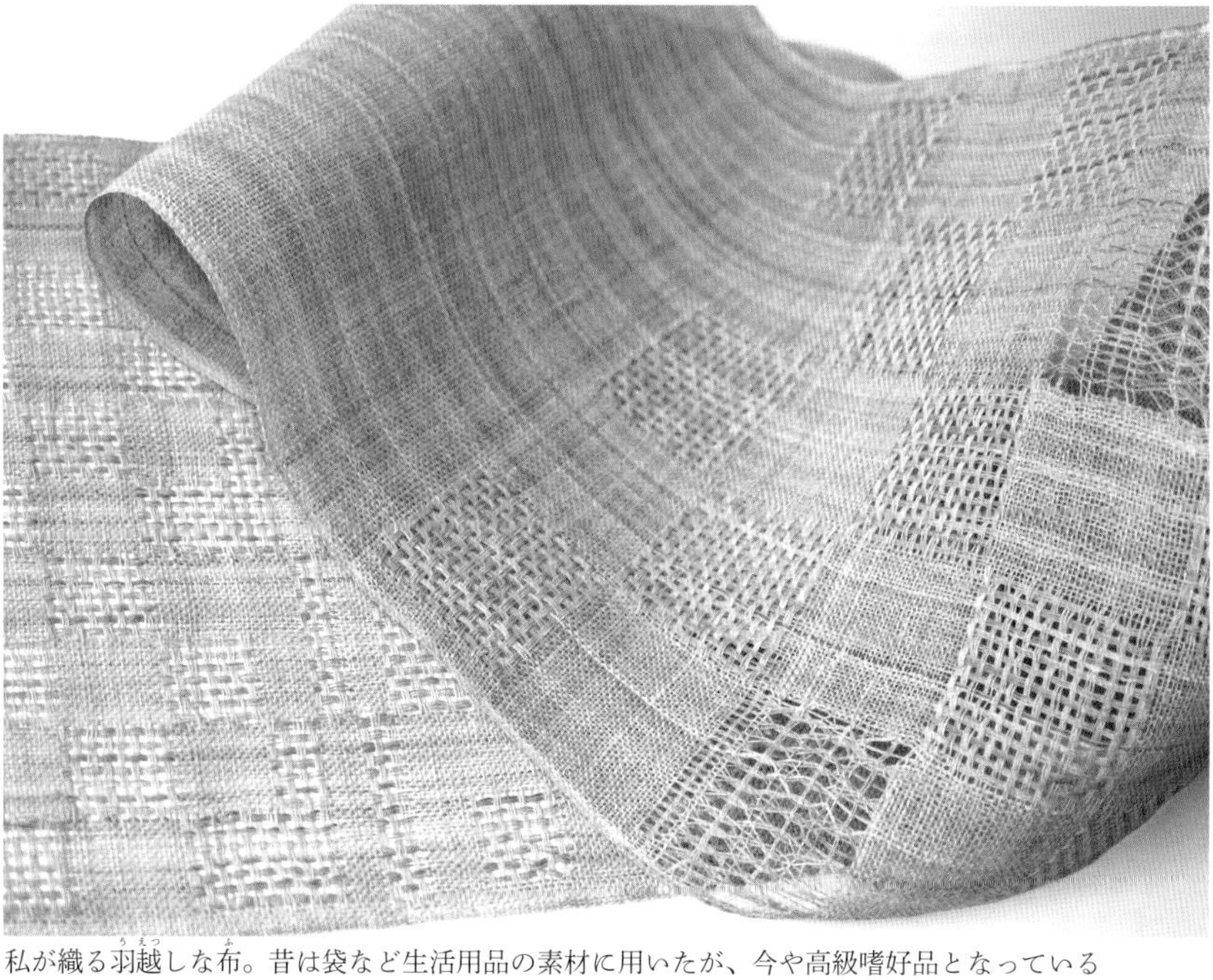

私が織る羽越《うえつ》しな布《ふ》。昔は袋など生活用品の素材に用いたが、今や高級嗜好品となっている

ほとんど知られていないであろう、樹皮から糸になるまでの工程を解説する

工房立ち上げを画策中、婆たちはたまらず、眠っていた織り機を組み立て始めた

羽越しな布の原料、シナノキなどの樹皮を採取する「しな剝ぎ」

剝いだ樹皮の鬼皮を取り除いてから、荷縄一本で担いで山を下る

シナノキの仕込み。目の前の川で洗う作業は最高に気持ちがいい

しなの仕込みが終わると、作業で使った川に潜って鮎を捕る

シナノキの樹皮の鬼皮を剥ぐ作業。重労働なので、休憩は大切

樹皮を濡らして細く裂いた後、干す。この先端を撚り繋いで一本の長い糸に績む

居座機（いざりばた）の織り始めでは、機神様に祈りを捧げる

皆で採ってきたワラビはサイズ別に分け、重さを量って平等に分配する

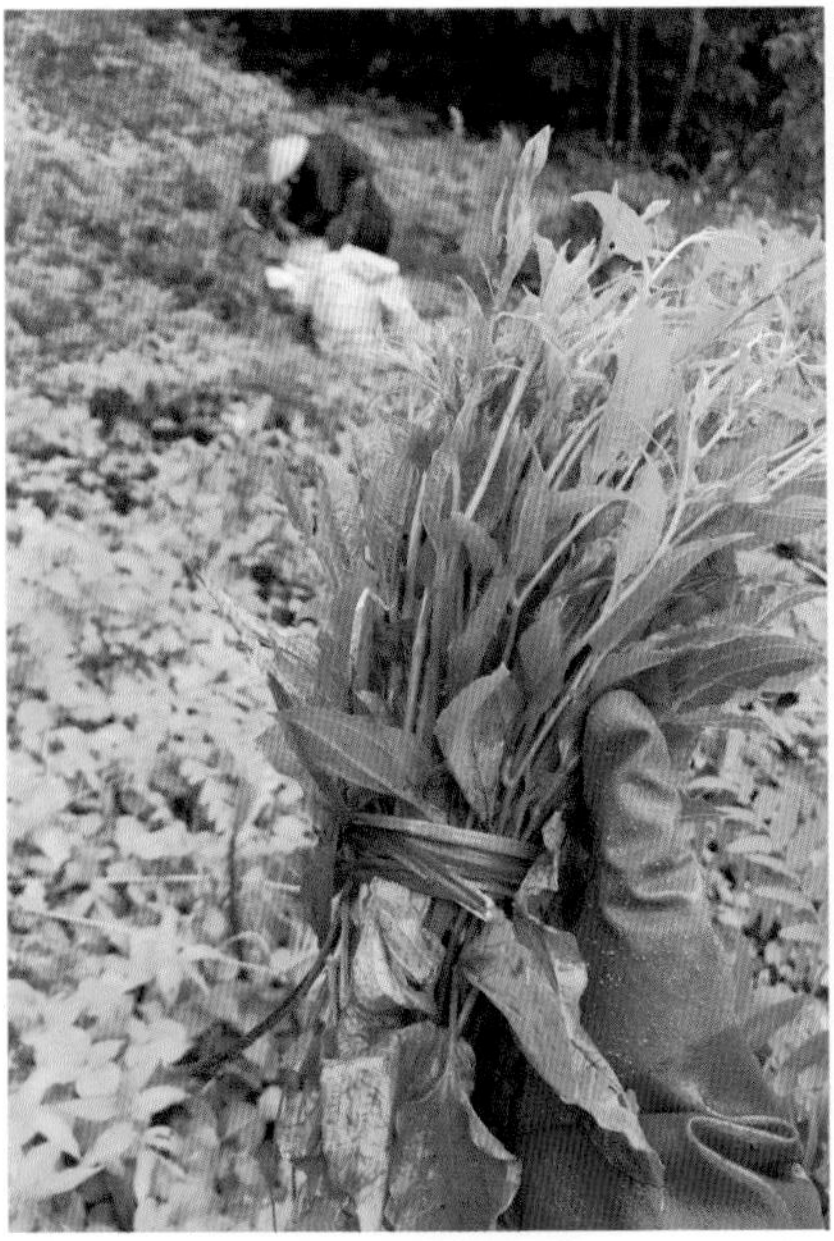

村の皆でワラビ採りをしながら、夕飯用にショデコ（シオデ）も採る

プルプル食感のちまき「灰汁《あく》笹巻き」は保存食としても優れた山グルメ

マタギたちの熊巻き狩り。熊を授かったら呪文のような祈りを捧げる

奥山で熊を捕ったらその場で大まかに解体し、全員で担いで村に戻る

巻き狩りで得た熊は、参加者に平等に分配される

骨も大切な食材。熊汁の鍋から取り出し「骨かじり」という一皿に。髄も食べる

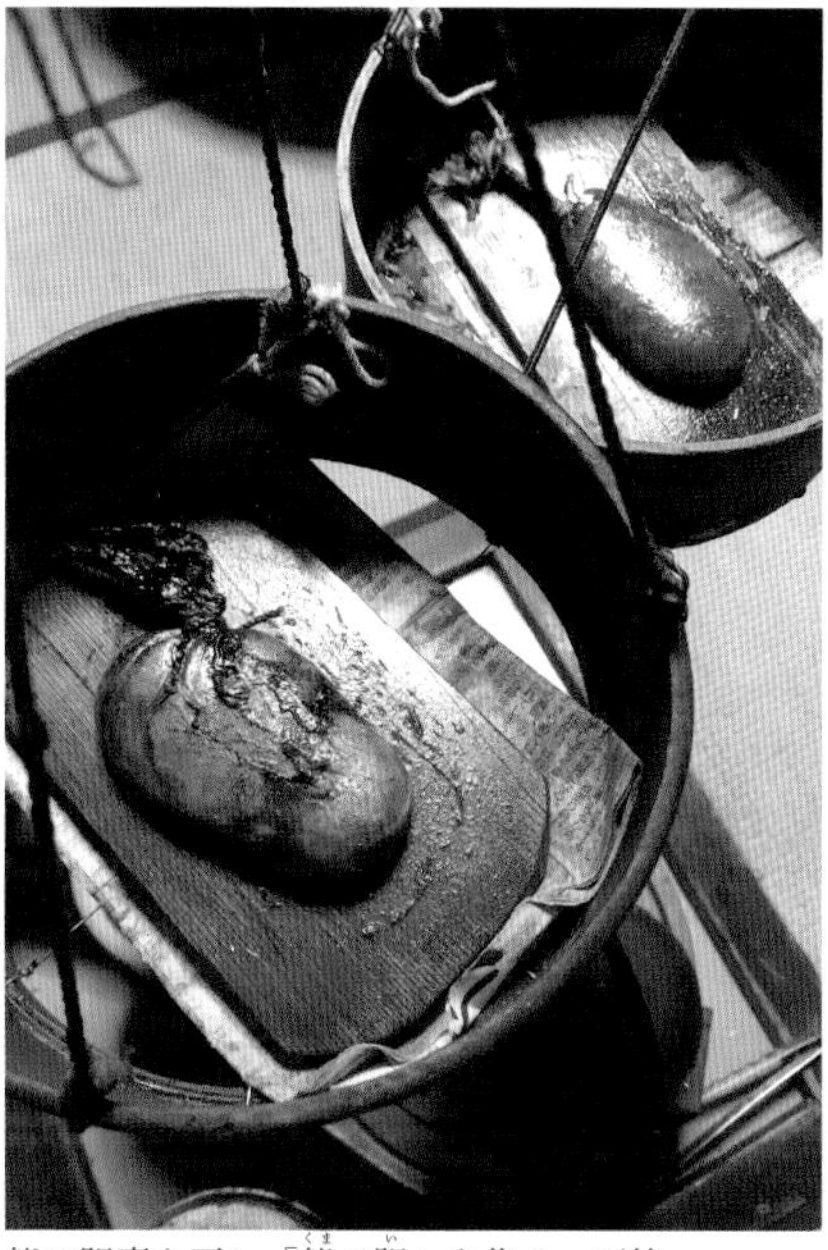

熊の胆嚢を干し「熊《くま》の胆《い》」を作る。万能薬として重宝する

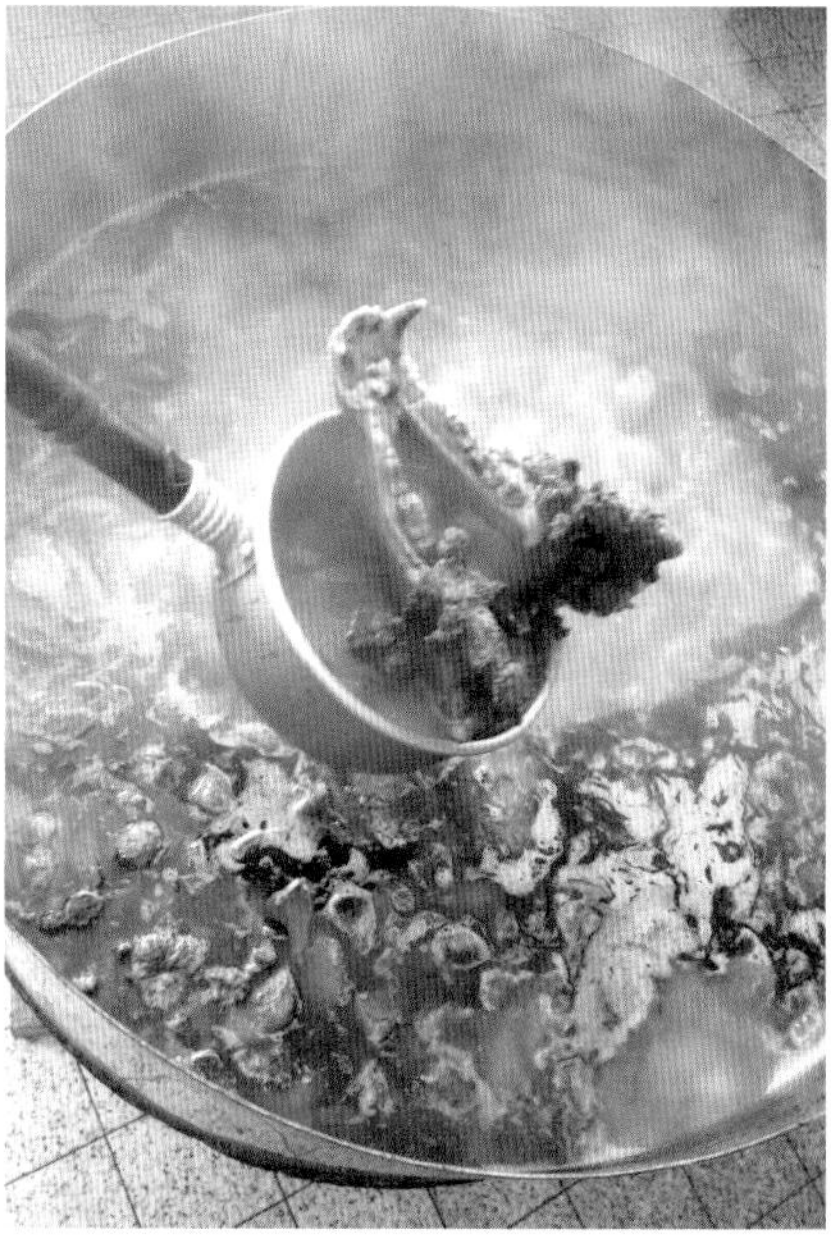

熊のナヤ汁は味噌味。骨、肉、臓物を余す所なくいただく

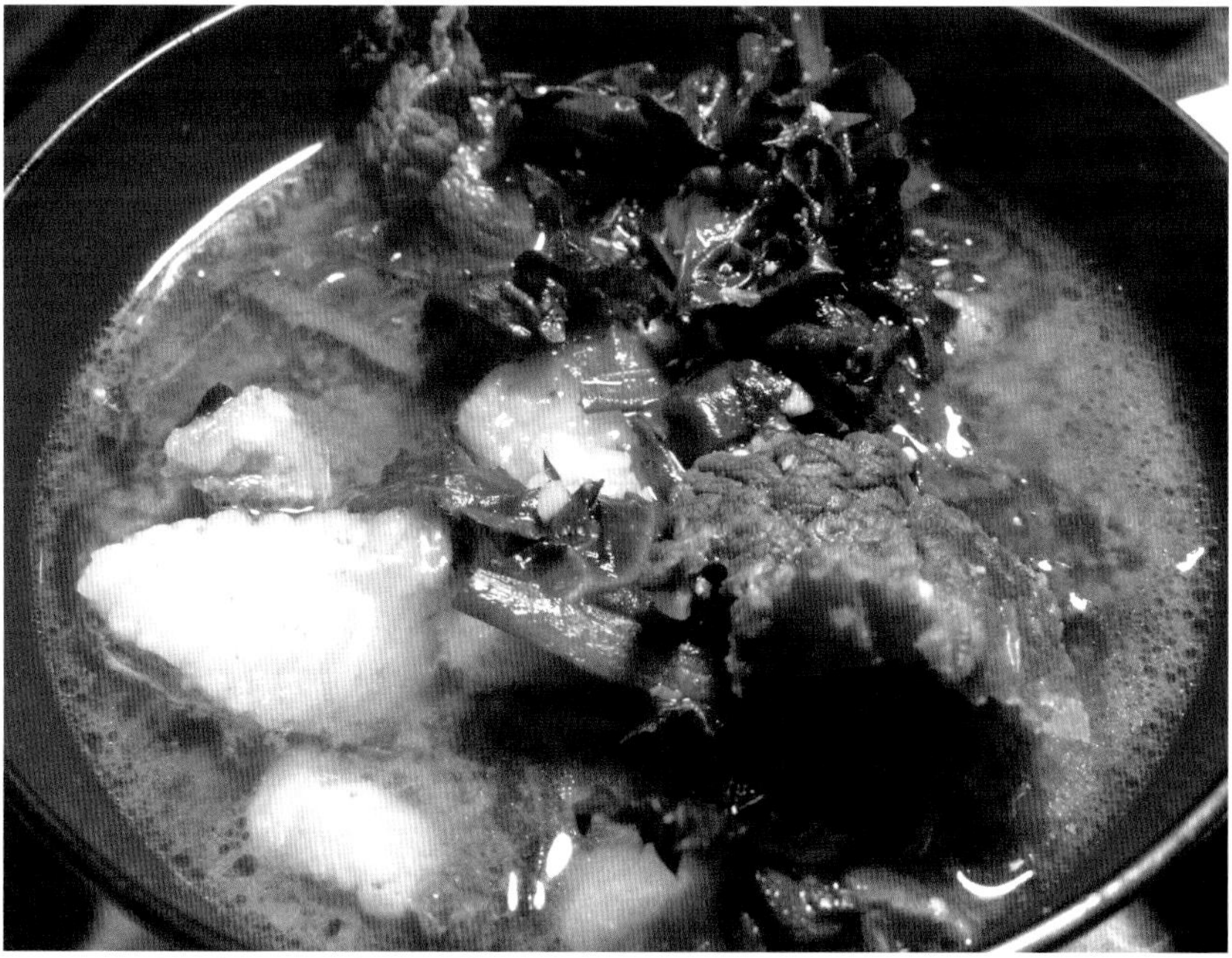

フキンドアザミ（サワアザミ）入りの熊汁。春の味だ

山焼き（焼畑）で赤カブの収穫。斜面の下は渓流

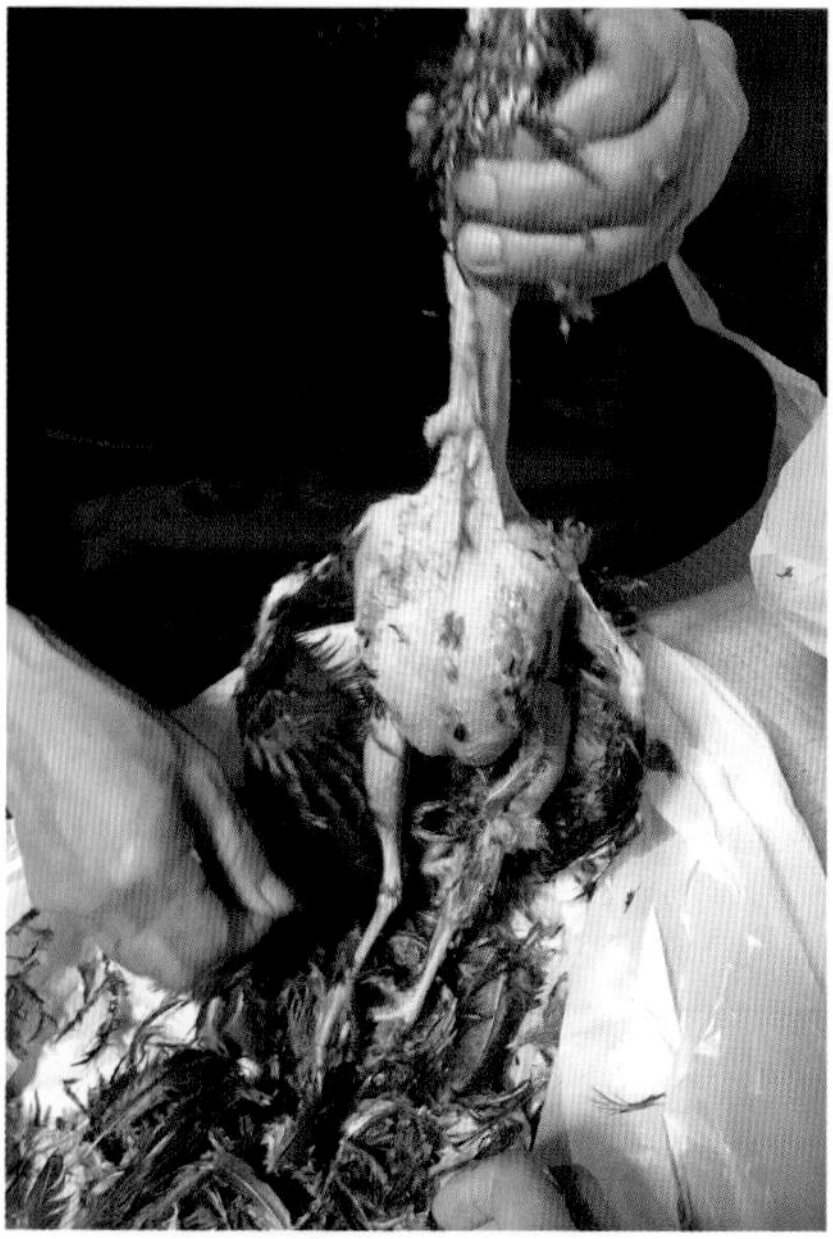

狩猟シーズンが始まる秋。ヤマドリなどの羽むしりは濡らさないと部屋が大惨事に

赤カブの甘酢漬け（本漬け）の仕込み。塩漬け脱水後、酢や砂糖で漬けなおす

色を愛でるのが薪割りの楽しみ。鮮やかな黄色はヤマウルシ

秋の味覚、天然舞茸。この強烈で芳醇な香りをお伝えしたい

雪を照らす明かりは、人の気配と温もりを感じられて好きだ

田の神様を餅で作る。タプタプなフォルムが大切

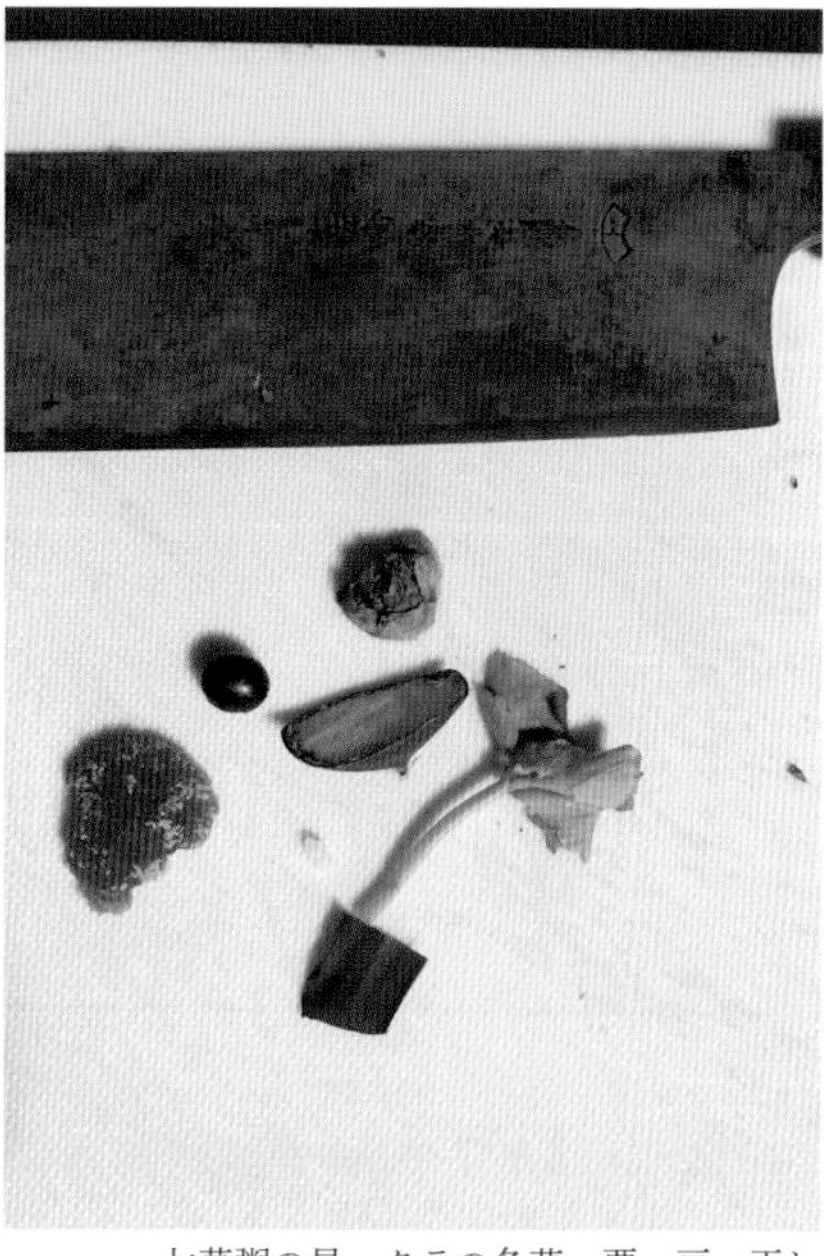

七草粥の具。タラの冬芽、栗、豆、干し柿、セリ、昆布、米。粥の具に、米

お正月の団子柴と田の神様フィギュア。でっぷり感がかわいい

雪下ろし。背後の暗雲は後に大雪を降らせた。天気の変わりやすさが山らしい

年末のすす払い。使った藁箒に燧をのせて邪気を払い、そのまま屋外の雪の上へ

うんざりする雪に前向きになろうと、玄関先に作った雪像

一月七日、一年間のお役目を終えたお札や正月飾りを家々から集めて燃やす

大然わさび。冷やした根菜の煮物をわさびで和える郷土食「わさび」を作る

熊の犬歯。私はキーホルダーの飾りに使っている

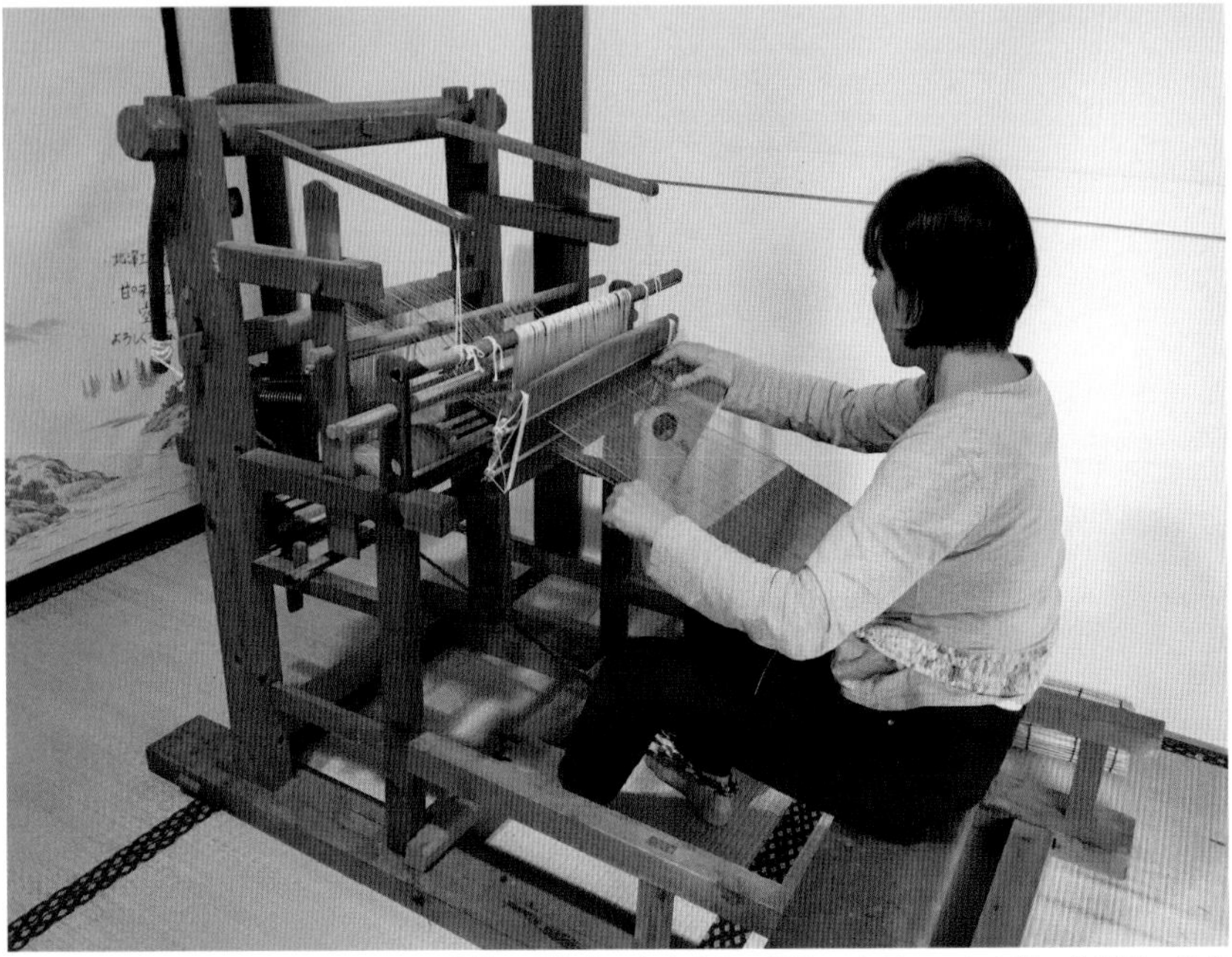

四十年ぶりに復活させた居座機。昭和十一年生まれの母ちゃんが、これを使った最後の世代

村の皆で行くワラビ採りの休憩タイム。座ればそこがお茶の間になる

現代アートを続けていたら、いつのまにかマタギの嫁になっていた

大滝ジュンコ

山と溪谷社

目次

一章 夏

二章

秋

三章

冬

四章

春

はじめに

現代アート作家、マタギとの飲み会に誘われる

日本海から東へ十九キロ。新潟県の最北部にある村上市山熊田《やまくまだ》という集落は山形県との県境にあり、十八軒三十七人の小さな村だ。山にぐるりと囲まれ、村の真ん中には清流が流れる。隣の集落までは八キロ。公共交通機関もなく、最寄りの駅や病院、スーパーなど

へは車で三十分ほどかかる不便なところだ。マタギたちが熊を狩り、日本三大古代布と言われる樹皮製の布「羽越《うえつ》しな布《ふ》」を作る人々が住まう。私は今、山熊田で生きている。

そもそも、なぜ私がこの山奥にいるのかといえば、友人の山川から「マタギと飲み会しようぜ」と誘われたのがきっかけだった。ルポライターの彼は東京住まいで、かれこれ十数年、山熊田に通っていた。私は山形の美術大学を出てしばらく当地に留まり、その後は長崎県波佐見《はさみ》町や富山県氷見《ひみ》市などの地方で現代アートの仕事をして暮らしていた。それでも長らく彼とは酒飲み仲間だった。携帯電話の普及のおかげで「遠距離飲み会」を開催しては好き勝手なことを話す。その中で「山熊田」という集落があり、マタギたちがいて熊を狩る、酒をしこたま飲む、という断片的な情報を聞かされていた。私もいい加減なもので、「マタギなんて本当にいるの？　どうせ観光目的のキャッチーなパフォーマンスみたいな、客寄せパンダ的なものなんじゃないの？」と、物を知らないことを棚に上げて、疑い深く、ひどく失礼なことさえ思っていた。

というのも、当時、現代アートは「まちおこし」のツールとして重宝されていて、大小様々な規模のアートプロジェクトが乱立しまくる時代だった。キュレーターや学芸員にだけ媚を売る作家や、助成金獲得が目的の活動なのかなと思ってしまうようなプロジェクトもよく見受けられた。地域の魅力を底上げしたり、全く新しい価値観を表現したりしてエネルギーを還元していくような作家もいれば、自己顕示欲で地域を食い物にしてしまうような人もいた。良し悪しはさておいて、現代アートによる「まちおこし」の現場で様々なケースを学び、もし嫌悪感が起これればその原因を探って、同じ轍を踏まないよう気をつける癖がついていた。そして地方に住み、地方でのアートシーンに関わってきたことで、日本の田舎を知ったつもりでもいた。

その中で、お世話になった各地の地元先輩方との交流は刺激的だった。皆、「アートなんてよくわからねえけど」と口を揃えてはいたけれど、氷見の網元は「悩み持っとるときゃあの、海に出りゃいいが」、波佐見のやきもの屋は「しょせん、人間は情緒でしか動かんばい」など、実直な暮らしや仕事から生まれた説得力のある言葉をサラリと言ってのける。アーティストよりアートやってるな！　と度肝を抜かれる日々だった。背中を追いたくなるおじちゃん、おばちゃん、もっと年配の人生の先輩方に恵まれたからこそ、現代において伝説のような存在にすら感じる「マタギ」というパワーワードはドラマチックすぎて、かえっていかがわしく感じたのだった。

無知は自覚しており、マタギがどういうものであるかさえ知らない。けれど、わからないままも気持ちが悪い。もしマタギが現代に存在するなら、どんな人々で、どんな暮らしで、どんな人生観なのか。元々興味はあり、テレビや本で知ったマタギの生半可な知識を遠距離飲み会で山川に話せば、「おい、それは違うぞ」と毎度反論されていた。ちゃんと知りたい。私は山川の誘いに乗ることにした。しかし、乗った理由はもう一つあった。東日本大震災だ。

震災当時、私は波佐見で働いていた。あまりのショックで、穏やかさとは何かを思い出せないほど、あの日から価値観が大きく変わった。エネルギー問題や生き方、在り方を根底から考え直す、生まれ直すような日々が始まった。それからずっと、生き物としての自分のひ弱さを誤魔化せずにいたし、便利な世の中の仕組みにあぐらをかいていたことを恥じてもいた。そういう感覚が、何をすべきか考え直させる。そうなってくると、網元や焼きもの屋、漁師に農家など、出会った大人たちの言葉が心の亀裂にどんどん染み込んでくる。山熊田を初めて訪れたのは、ちょうどそんな頃でもあった。

地獄の果ての桃源郷

秋になり、約束の日の朝がきた。車に乗って氷見から北陸道で北上した私は、山川と彼の友人を新潟駅で拾い、山熊田へ向かった。酒盛りだけでなく、どうやらこの日は山登りもするらしい。それ以上は誰も何も知らず、昼ごはん持参、山を歩ける靴や格好で、夜はどなたかの家に泊めてもらえるらしい、くらいの乏しい情報量だ。「嫁を連れてこいってさ」と言う山川に私たちは「人身売買かよ」と冗談まじりで談笑が続く。私は前日に室内テニスをして、つい楽しくて調子に乗ってしまい、両足首を捻挫していた。テーピングでガチガチに固めてアクセルを踏んでいるありさま。山登りはできなくても約束は果たさなくては、と車を走らせたものの、山登りは断念して村で待っていようと考えを固めていた。

山熊田に着くと、私たちはどうやら遅刻をしたらしかった。村人が一人だけ待っていてくれている。他に数人の参加者も待たせていたようだ。私以外のメンバーは急いで準備をし、山に向かおうとする。村での待機を乞う私に山川は「四歳の子供でも登れる山だから」と言う。「絶対に迷惑かける！　本当に無理だ」と私。「大丈夫だって」と、山川は半ば強引に私を登山口に連れて行く。村人はじっと私たちのやりとりを眺めている。

まずい。駐車場で待つ提案もしたけれど聞き入れられず、一行は山に向かっている。この状況でゴネ続けるのも迷惑かもしれない。いやしかし、イベントで怪我人が出る方が問題だろう。もしかして、どんな山なのか知らないから怖いだけで、案外ハイキングコースっぽいのかもしれない。冷静な判断がみるみる遠のいていく。ひとまず、必ず無事に戻ることだけを目標にした。「皆さんに迷惑をかけると思います。ごめんなさい」と、遺言めいた挨拶をして歩み出した。が、一歩一歩が驚きの痛さで、嫌な汗エンドレス。

山は、山だった。道はない。先導してくれる村人が、鉈《なた》で藪を払いながら進む。人が歩いたところを道とする、という具合だ。これは紛れもなく山じゃないか。いや、山に来たんだけれど、ありのままの山すぎる。九十九折《つづらお》り、細い枝尾根、草に隠れた石、捻挫足首にとっては悲鳴を上げる難易度、地面のあらゆる要素が罠に思える。「私、ここで死ぬんじゃないか……」「大袈裟なこと言ってんなよ」。たしなめる山川に反応する余裕もない。顔がこわばり痛みに支配されている私を哀れに思ったのか、村人の先導さんがサッと脇の斜面に入り、ブナの若木を鉈で刈ったかと思うと颯爽と戻り、ザッ、ザッ、とグリップのいい杖をあっという間に作って、無言で手渡してくれた。驚いた。痛みに襲われる頻度が激減した驚きと、初対面の人間に無骨な優しさを示してくれたことへの驚き。寡黙なこの方は誰ですか？　マタギ？

見守ってくれる人がいる安心感と、山道が劇的に楽になったことで少しずつ余裕が生まれて、頭を上げた。見渡すと、ブナの原生林が黄金色に輝いている。ここは天国なのかと疑うほどに透明な金色の光に私たちは包まれていた。その木々の隙間から突き抜ける青い空。なんだここは。両足をかばい続けて全身が緊張していたことに気づく。心が緩んでいく。前を向いてしばらく歩くと、上の方から人の話し声が聞こえてきた。

近づいていくと、一気に賑やかになった。六十人は下らない。山頂のような尾根のような、見晴らしのいい狭い斜面に密に腰を下ろし、ビールを飲んだり、バーナーでラーメンを煮たり、おのおの楽しくやっている。こんな大勢のイベントだったのか。アクシデントを覚悟して冷や汗だらだらな私との温度差も、笑い声が吹き飛ばす。おもむろに誰かからお椀を渡された。登山途中で採ったなめこなどのきのこや、湧き水を汲んできて作ったきのこ汁だ。鍋と味噌を担いで、鍋を火にかける二股の支柱や薪も現地調達。生木を焚くにはテクニックがいるそうで、マタギの必須スキルらしい。そこまで荷物をミニマムにしても重たい缶ビールは背負ってくるという、楽しもうとする意気込みに敬意すら覚える。これも食え、こっちもうまいぞ、と参加者によるいろいろな持ち寄り品が回ってきて、ついでに楽しい気持ちも循環だ。心が百回くらい折れた私には、地獄の果ての桃源郷のようだった。

腹ごしらえもそこそこに鍋の世話をしているのがきっと山熊田の人だろうと見当をつけ、「私は今、どこにいるんでしょうか?」と尋ねる。本当にわからなかったからだ。「おめさん、ほれ、今ちょうど足元が山形と新潟との境だんぞ」「ほおー。……ん? えええー!」。確かに月山が見える。鳥海山も見える。ここは「二ノ俣峠」というらしい。遠距離飲み会のたびに地図アプリを開いて山熊田の位置を眺めてはいたが、近くの県境まで道はなく、遠いように見えていた。そういえば、登山開始から三時間ほど歩いてきた。そうか、県境なのか、そうなのか、と頭での理解と達成感がじわじわとやってくる。

湧き水を惜しげもなく使って火の始末をしたら、皆で下山が始まった。隊列のあちこちに先導役が挟まり、踏みつけてできたてホヤホヤの細い道をなぞって下りる。脳内麻薬が出ているのか、足の痛みをあまり感じなくなっていたので、なおのこと下りが怖い。引け腰の私に「杖、脇に挟めて、後ろさ突っかえ棒して下りれちゃ」と先導さんの的確なアドバイスが。カンガルーの尾のように杖を使うと重心が分散され、滑り落ちそうになってもブレーキ代わりになる。そのブレーキを利用して滑り歩きもできる。しかし先導さんは杖もなく、ぬかるみだろうが急斜面だろうが、滑るようにホイホイと進む。先導さんは、やはりマタギらしい。自由自在に軽やかに斜面を行く後ろ姿に、野生の人間みたいだな、と未知との遭遇っぽい感激を得るも浸る間はなく、懸命に後を追った。

ゆっくり下っても、登りの半分程度の時間で駐車場に着いた。無事着いた。私は無事に着いたことが本当にありがたくて、頭がふわふわしていた。これはまさしく「吊り橋効果」の構造だな、しかも自分がまいた種で、と情けなくて笑ってしまったけれど、やはり危機的状況からの逆転劇は鮮やかだった。上を向いてからのあの金色に満ちた景色も、人々の朗らかさや優しさも、全部が愛おしくてたまらない。村の人々の身の丈で楽しむ温かなこのイベントを、私のせいで台無しにしなくてよかったと心底安堵した。あの捻挫両足首は、足の輪郭がわからないほど感覚がぼやけていて、村の中を流れる清流で冷やそうと川辺に下りて靴を脱いだら、パンパンに腫れていた。冷たくて気持ちがいい。痛みはよくわからない。感覚がいつもどおりだったら、清流の冷たさにも痛みを感じただろう。

その後、飲み会が村のどこかで始まるらしいと聞く。そういえば、山登りではなく「マタギと飲み会」が訪問の趣旨のはずだった。飲み会が「普通」に始まることさえ、ありがたくて仕方がない。

剛さん

飲み会の会場は私たちを泊めてくださるお宅らしく、荷物を抱えて向かうと、家の玄関先で先導さんたちが鮎やイカを焼いていた。山奥でイカ？　と不思議がっていたら、山熊田集落から海まで二十キロ弱と案外近いそうだ。他にも、早朝に釣ってきた黒鯛やメジナが刺身にされ、見たことがないショッキングピンクの漬物や熊の脂身の味噌漬け、鮭の味噌焼きなど、ご馳走が並んでいく。誰が村の人で誰が訪問者なのかわからない。それほど皆がたいらかにそこにいて、やがて飲み会が始まった。充実感と疲れで満腹なのに、まだ日が高くて不思議だ。

次から次へと一升瓶が現れて、ビールの空き缶が増えていく。延々とお酌が続き、方言がキツすぎて何を言っているのかよくわからないのだけれど、絵本の山賊みたいに気持ちよくガハガハ笑う人たち。無口な先導さんもポツポツと話をしてくれるようになった。気配で話す、みたいな独特なコミュニケーションは健在だったけれど、あんなに迷惑かけたのに嫌われてはなさそうだ。剛さんという名前らしい。私も勝手に生還祝いさながら大きな気持ちになってしまって、自作自演な吊り橋効果も相まって、さらに雰囲気も底なしにおもしろかったもので、また調子に乗ってしまった。飲みすぎた。酩酊だ。人生で最もお酒を飲んだ日となった。

二日酔いの朝、泥のような私は人間に戻るべく、あの杖にすがって村の中を散歩した。相変わらず川がきれいで、内臓をジャブジャブ洗いたくなる。村の湧水をがぶ飲みする。村を囲む山を見て「あの先にいたんだな」と遠い昨日を思い返しながら、今まで私は、山は眺めるものだと思っていたことに気づく。道沿いで、お婆さんたちが何か作業をしていた。「それ、何ですか?」「カブ漬けてらんだ。おめさん、よぐ眠れだか?」「はい、でも飲みすぎまして」「アッハッハ!　そりゃえがったのー」

その後も村を巡ったけれど、若者は全く見かけなかった。そういえば昨日会った村の若者一人以外は五十代かそれ以上だった。昨日の盛り上がりと、高齢者ばかりの朝の風景のコントラストが、妙に引っかかる。

帰り道、食事や温泉に寄りながら、回復するまで山川に運転を代わってもらい、彼らと別れて北陸道を南下する。道中、出来事を反芻しながら、ハッとした。「あのおもしろい村、三十年後、いや、十五年後、存在し続けているのだろうか……」。胸騒ぎが止まらない。

いても立ってもいられない気持ちになった。「滅ぶ」という単語が頭に居座る。

おめさん、ここさ来る気はあるか？

無事氷見に戻り、いつもどおりに職場に向かうと、翌週末の十和田市現代美術館への作品搬入の打ち合わせだった。私は帰路に山熊田を再訪できるのではないかと思い山熊田の剛さんにお礼ついでに電話で打診すると、快諾してくれた。

職場の後輩二人と共に山熊田に到着したのは、夜七時を過ぎた頃だった。剛さんは三人暮らしで、ご両親は高齢だ。田舎では遅い時間だろうに待っていてくれ、お婆さん（剛さんのお母さん）はにこやかに熊汁を振る舞ってくれた。お爺さん（剛さんのお父さん）は全くしゃべらず、じっとこちらを見ている。剛さんも無口だが、間がもたないのか、黙々とお酒を注ぎ続ける。後輩たちは下戸、「彼らの分まで私が飲みます」と意気込んでみたものの、気が張っていて酔った気がしない。

無礼を承知で、気になり続けていたことを剛さんに尋ねた。「この村、このままいけばなくなってしまうんじゃないですか？」。すると「……仕方のねえことだ」とポツリと答えがくる。その諦めたような言葉がひどく嫌で、それを言わせてしまったことを反省し、楽しい席にしなければ！　と反動で盛り上げてしまった。また飲みすぎだ。

お婆さんが私を呼びつけ、作業小屋を見せてくれるというのでついていった。様々な樹皮や毛皮、カゴや道具類が並んでいた。ひとしきり案内を終えた彼女は正座をして、私の顔を覗き込むように言った。「おめさん、ここさ来る気はあるか？」

血の気が引いた。酔いも一気に覚めた。その言葉の重さが怖い。そんな覚悟なんて全く持ち合わせておらず、答えに困った。「……良い村だなと思います。来るかどうかは今は何も言えないですけど、知りたいとは思っています」

それから私は、休日にはできる限り山熊田に通うようにした。剛さんのご両親に仕事を教えてもらい、彼らの生の暮らしに交ぜてもらう。そこで私は、電気がなくても生きていけるような、たくましい暮らしを見てしまった。日本のほとんどの地域で滅びてしまっただろう昔ながらの自然と調和した生き方が、今も息づいていたのだった。よくわからない言葉を話し、山から切り出した薪で煮炊きし、伝統的な狩猟をし、スケールでかく酒を飲む。水も薬も美味いご馳走も燃料も、工芸素材や心を奪われる絶景までも、全て山にある。私より体力たくましい爺や婆がいる。しかも皆オシャレで心も豊かだ。現代の日本とは思えないこの彼らの日常は、私には圧倒的非日常だった。

それからというもの、私の「ひ弱さ」は、ここの生き方を学べばまだ手遅れじゃないかもしれない、この暮らしを一から学んで引き継ぎたい、それは村の存続にもつながるのでは、と考えるようになった。しかし腰掛けで通ったところでたかが知れている。何もかもが中途半端だ。

私は移住を決意した。移住後も剛さんの家に通ううちに、彼らの実直さと山暮らしの奥深さを知っていった。剛さんの不器用な優しさも相変わらずだったし、家族だけでなく村人みんな自然体で温かい。日々を生きている実感が鮮烈だった。しかしそれは死のリスクに比例してもいる。ここで学ぶ知識とは死なないための術で、彼らの強さ優しさは山の厳しさを知っているからだ、と気づいた時、これからも共にありたい、私もこうありたい、と思った。

そうして一年後、私は剛さんの家に嫁いだのだった。

三十キロの米を何袋も運ぶ婆。「背中にくっつくさげ重くねえ」という

一章

夏

鮎をかき、山を焼く。
山熊田の夏に巡りゆく、
水と命

やさしくない薪割りと、優しい村の人々

山菜や田植えなど春の盛りが一段落して、休みらしい休みがやっとくるのかな、と期待するのはもうやめた。梅雨の半ばになると、しな布《ふ》を作る原料のシナノキの皮剝ぎ伐採が始まる。そうなると一ヶ月以上その皮の仕込みが続き、気がつくと真夏だ。皮剝ぎが始まる前は余裕があるように思うのだが、実際は全くない。鴨やオシドリたちが踏みつけた稲の苗を植えなおしたり、そこいら中の草刈りをしたり、雪崩で壊れてしまった山水を引く塩ビパイプを直したりと、仕事は際限なくある。しかし、わかっていても見て見ぬふりをしたくなるのが薪割りだ。

昨年のうちに山から切り出して、薪の長さに切った丸太の山が二軒分、十トンほど。パッと見ただけでも、かなりの山積みだ。休みの日に向き合うには覚悟と勢いが必要だが、し

な剝ぎ前を逃すと、アブまみれになって、かつ猛暑下で作業をしなくてはならない。それは絶対にごめんだ、とやる気をムリムリと絞り出す。

村では数軒の家が仲間になって薪割り機を購入し、順々に使いまわしている。高齢世帯を優先して涼しい時期に終わらせて、我が家は最後だ。薪割り機をゴロゴロと移動させて準備していると、油圧シリンダーを固定するボルトの一本がすでにボッキリと折れ、もう一本も湾曲して折れる寸前だった。何じゃこりゃ、と冷や汗をかく。経年劣化にくわえて各世帯がだいぶハードに使ったようだが、点検しようにも、老眼だったり耳が遠かったりで、高齢者たちは全く気がつかなかったらしい。爺婆たちが怪我しなくてよかった。往復一時間の店まで部品を買いに行き、村に戻ったら二人だった現場のはずが、新たに五人増えていた。さらに村の他の仲間が所有する薪割り機、全三台が勢揃いしていて、元気な機械だけでバカバカ割っている最中だった。なんだかお祭りみたいだ。修理を終えて、轟くエンジン音に加わった。

計七人によって、途方に暮れるほどの量の丸太の山はどんどん割り刻まれていく。数十キロの丸太を転がして運び、持ち上げて機械に載せ、割った薪を放り投げると新たな山になる。それが三倍速で進む景色は凄まじかった。でも実のところ、私はわけがわからない。こんな重労働なのにこの助太刀はありえない。これは我が家と本家の薪材だと思っていたが、実は皆のものだったのかな。それなら合点もいくが……。轟音で会話も難しく、全身から噴き出る汗は止まらず、余計なことを考えるのをやめ、無になっていく。

いろんな樹種がある。ホウノキ、ケヤキ、ブナ、ナラなど広葉樹だ。薪割りはしんどいけれど、観察するのはおもしろい。ホウノキは若いシナノキに似て滑らかな樹皮で軽く、幹の繊維がまっすぐだから小気味よくパコンと割れる。割ると芯が淡い緑色で、少しパールっぽく光るのもきれいだ。比較的軽いので持ち上げるのも楽だし。だから薪割り作業中にホウノキに当たると、まさに「当たり感」があるのだけれど、軽いだけあって火もちは悪く、焚きつけや濡れた薪と一緒に焚くのに向いている。

色でいうとウルシの木も良い。幹の中心がハッとするほど鮮やかな黄色で、薪にするなんてもったいないと思うのだけれど、割ってから気づくのでいつも手遅れだ。乾燥したら彫刻材料用に取り置きしておこうと毎度思うものの、冬の寒さを前にするとすっかり忘れてしまう。

ブナ、ナラ、ケヤキはすごく重い。しかも一年置いた丸太だからか締まって堅い。割るというより裂くという方が適当な場合も多い。見た目は「さけるチーズ」をさいている最中で、これのすこぶる堅いヴァージョンという感じで、無理やりメリメリと裂かれていく。なんというか、中世の拷問にありそうな痛ましさなのだ。繊維の筋を見極めないと薪割り機でも一筋縄ではいかず、負荷がかかりすぎると止まってしまう。枝分かれ部分や節などは、そのマイナス面に一層磨きをかけたように、幹の繊維がフリースタイルに捻れまくっていて、群を抜く割りにくさ。ケヤキに至っては、独特に臭いという強者だ。でもこれらの重く堅い広葉樹の良さは、なんといっても火もちが抜群にいいことで、薪としては最高だ。さらに、燃えた後の灰はアルカリ性の高い「良い灰汁《あく》」となり、これも山熊田《やまくまだ》では大切な資源となる。「灰汁笹巻き」という餅米で作る黄色いチマキはほのかな硫黄の香りがして、保存性が高いので山仕事にもってこいのおやつなのだが、この堅木の木灰から作った「灰汁水」が不可欠だ。生木の時点ではどんなに臭くても、ケヤキからは良い灰汁が取れて、美味しい灰汁笹巻きになるから、気持ち的には相殺されているんだぞ、と自分に言い聞かせている。

割っていると、木の中から白い芋虫（ブドウムシ）が出てくるのだが、それもチマチマ取っておくといい。あとで釣りの餌にできるからだ。岩魚《いわな》、山女魚《やまめ》がとてもよく釣れる。目の前が渓流って最高だよなあ。今すぐにでも薪割りをサボって釣りに行きたくなる、誘惑の生き餌だ。だけど薪割りを終えないと行けないジレンマ。そして、終わる頃にはへとへとに疲れてしまって、ブドウムシのことをすっかり忘れてしまうなんてことは、実は毎度のことだったりする。

悠長に樹種のおもしろさや別の楽しみを噛み締められないほど無心になっても、絶対に怪我は避ける、薪割り機で指だけは落とすまい、ぎっくり腰にも気をつけろ、と緊張し続けている。そうして思考も日暮れもギリギリになって割り終えたのだった。運んだり積んだりする作業は後日にまわすとして、たった一日であのでかい山を割り切ったとは信じられない。狐に化かされたかな、と疑うほどの達成感のぼやけっぷり。みんな一様に、疲労困憊の表情だ。すごいなマンパワー。

出来仕舞い（打ち上げ）で、皆で酒を飲みながら「薪、いつ分ける？」と聞くと「何言うてらんだ。ねら（お前たち）がなかなか始めねえさげ、冬まで積んでおくんだかと思うたぞ。

でがして（終えて）良がったなあ」という。まさかと思ったが、やはり皆、私たちの手伝いに、ただ来てくれていたのだ。確かに私もよそに手伝いに行くけれど、それは主に高齢世帯で、力仕事は彼らより若い私に偏り、互助はほぼないものだと思っていた。休日の若い衆の力技と、皆で苦楽を共にしてくれることが、こんなにありがたいものだったとは。今さらながらこの村の人たちの在り方に感激してしまった。だって薪割りは、本当にしんどいから。

真夏の重労働なのに助太刀してくれた村の仲間たち。ありがたさが身にしみる。疲労困憊しても打ち上げの酒は飲む

ベンチがゆとりを生むかと思ったが

マタギのキャプテン的存在である「頭領《とうりょう》」は、夫が久しく担っている。しかし、それだけでなく「宿」という役どころも担っている。宿とは、旅人が寝泊まりするいわゆる「宿屋」ではない。山熊田のマタギ文化では、獲物を解体する作業場を提供したり、人数分に肉を分けたり熊の胆を干したりなど、熊の巻き狩りにまつわるあらゆる仕事や打ち上げの酒盛りを饗する家を指す。何かと負担の大きい「宿」は、昔から経済的余裕や影響力のある本家や、豊かな土地を持つ地主のような家が持ち回りでやってきた。そのはずだったのだが、近年は裕福でもない分家の我が家がずっと宿のまま。そのわけは、マタギ人口が減ってしまったこと、風雨雪を防げる屋根（車庫）が屋外にあって解体作業をするにはうってつけであること、二週間ほどを費やす火の番「熊の胆干し」ができる爺やがいること、なんなら爺やも飲み会にちゃっかり交ざるほど熊巻きが大好きだという家柄と家族の理解があること、などの理由で、消去法的に我が家なのだ。さらに好都合なことに、うちには蔓《つる》や藁細工、しな布の糸績みなどを行う母家とは別棟の作業小屋があるからだ。絶好の溜まり場となって、そこで気兼ねなく打ち上げの酒盛りができる。

しかし、家計をやりくりする母ちゃん（義母）と私にとっては、だいぶ複雑な心境だ。酒、熊汁用の味噌や野菜、おつまみに料理など、毎度毎度の宿の負担は大きくて、これを振舞うお金で美味しいご馳走を買って食べられるのにな、と思う。けれど良いこともあって、日々の暮らしで倹約しようとすると、図らずも昔ながらの食文化を習得できたりする。さらに、以前住んでいた富山・氷見《ひみ》の網元さんや漁師さんたちにいろいろな魚のさばき方や保存の仕方を叩き込んでもらったおかげで、そのスキルがこちらで評判になり、海辺に住む漁師さんからお魚をしこたまいただいたりして、心底助かっている。

ここは最寄りのスーパーを往復するだけで一時間強かかるし、地魚は美味しい。そんな恵みのありがたさを噛み締めたところで、巻き狩り帰りの男衆は、冬だろうが小屋で酔って朝まで寝ていったりするのは毎度のこと。熊の胆を干すのもそうだけど、ずっと小屋の火は絶やせないから薪の消費量もえげつない。伐採も薪割りも重労働で、埼玉育ちのど素人の私にとって薪の準備は本当にしんどいから、薪の消費をケチりたくもなるのだが、やはり雪国で寒いのは切ないもので、ケチるわけにはいかない。

それを察してか、製材所で働く村人が、時々、前ぶれなく軽トラで端材を持ってきてくれる。本当に助かる。

よく見るとその端材の中には、わりと立派な材木もある。鉋《かんな》がかけられ表面はスベスベで、節穴があったり角に樹皮が残っていたりするから不良品とされたようだけれども、燃やすには気がひける。材質は杉ばかり、薪として使うには火もちも灰の質も悪く、焚きつけ程度の低品質燃料で、足しにはなるけどもったいない。そうなると、余計なことをしたくなるのが私の癖だ。この村には、余計なことがなさすぎる。

以前から、村のあちこちにベンチがあれば楽で便利だろうなあ、爺婆たちも喜ぶだろうし、と思っていた。普段、彼らは石や杭や薪など、その辺の不安定な何かの上に絶妙なバランスで座っていて、それでは全く休めないのでは？　とハラハラしていた。パタンと頭からひっくり返りそうで、見ていて怖い。働き者の小さな婆たちはみんな腰が曲がっていて、膝を痛めている人も多い。

実は、以前にも端材をもらったことがあって、ベンチに使えそうな端材を選別して長さを切り揃えるところまでやった。しかしその時はこちらの意向など全く聞き捨てられ、「椅子なんていらね」と爺やが材を短く切り、まさかりや鉈《なた》で細く割りまくった。それを母ちゃん（義母）は容赦なくストーブにくべる。その時の虚しさはなかなか印象的だったけれど、実をいうと、こういうことはしばしばある。ただ、概念そのものがなかったり、場当たり的なだけで、悪意でも何でもないのだ。だから私はめげる必要もない。

今回もらった端材は使えそうなものを選別して、彼らの目の届かない、私の機織り工房へ避難させておいた。田植えを終えて一息ついて、気持ちにわずかな余裕が生まれた。今だ！　このやる気に満ちた心を今度こそ折られまい、と、こそこそと丸鋸《まるのこ》やインパクトドライバーなどの工具や作業台などを準備万端にしてから、ファンファーレのごとき爆音で作業を開始。四脚のベンチを一気に作り、そのうち二脚は端材をくれた家へのお返しにし、もう二脚は我が家の庭に運んだ。その途端、我が家の長老たちは「ほう、これはちょうどいいな」と早速座って、空や山を眺めてはのんびりしだした。なんだか、手製の巣箱に野生の小鳥が入って巣作りを始めてくれた気分だ。座面を高齢者仕様に低く作ったのも良かったようだ。そして、いただいた選別前の端材を眺めて、母ちゃんは「あの木、もったいねえのお。もっと椅子作ればいいんでねが？　作んの容易ではねえか？」と言いだした。やった！　念願の資材の使用権獲得だ。ベンチはなかなか良いものだ、という概念も生まれたようだ。

どんどん作るぞ！　と丸鋸の音を轟かせたはいいが、端材なのでサイズの帳尻合わせやバリ取りがいちいち面倒くさくて、八脚目で力尽きた。小さな村だし、これだけあれば十分か。公道には勝手に置けないから、道沿いに庭を持つ家々に「ここらにベンチあったらみんな座れて楽かなと思って作ったんで、この辺に置かせて。みんなでいいように使ってね」と、設置して回った。

夜になって村の家々から電話がかかってきた。立派だ、大工が作ったみたいだ、大事に使う、とこたま感謝を述べられたが、違和感は拭えない。とても嫌な予感がする。

翌日。村を歩くと、あちこちに置いたベンチが見当たらない。雨に当たらないよう、おのおの家の中にしまった、ということらしかった。嫌な予感が的中した。やはり個人への贈り物ととられてしまったか。大切にしてくれてありがたいけれど、ここは平等を重んじる村だ。こうなれば、高齢者がいる全戸に作らなくては、あんな低いクオリティのベンチでも不満の種になってしまうかもしれない。しかたない、と腹を括って急いで不足分を作り、結局全部で十九脚をこしらえた。もらった端材はすっからかんだ。

それからというもの、おのおのの家庭の暮らしぶりに合った使い方をしているようで、玄関や庭先などで重宝している様子を見ると嬉しくなる。後日、離れて住む娘が帰省した際に気に入って持っていってしもた、と言われて追加で作ったりもした。膝が悪くて曲がらないのに床座生活で大変だった、居間で使っているが大変助かっている、と想定外の感想もいただいた。椅子兼テーブルらしい。ベンチとは何か、と問われている気にはなるけれど、まあ、それでいいならいいか。居間で使うなら、ちゃんとヤスリがけしてあげればよかったな。

高齢者が住む全戸に作ったことが、くだんの製材所勤務の村人にも知れ、「うちにまだまだ端材あっさげ持っていけよ」と、したり顔でバチンと肩を叩かれた。ありがたいけれど、いやあ、しばらくベンチ作りはご勘弁だ。

山と波長を合わせながら、仕事の中で小さな喜びを見出すミニマムなライフスタイルには、娯楽らしい娯楽が本当に乏しい。やらなきゃならないことはできるだけ減らしたり効率的に済ませたりして、やりたいことや余計で無駄なことを増やしたい。少しずつこの村の暮らしを遊びで満たしたいなと思う。ベンチは余白になると思ったけれど、なんでか役に立ってしまったようだし、想像していたのとは違う景色になっている。まあいいや。はじめの一歩としたら上々だ。

地震があっても山へ行くのが梅雨

入梅のニュースが流れると、ご機嫌うかがいのように空と週間天気予報を入念にチェックすることが増える。それが山熊田の初夏。雨の日になる頻度、気温、そして山の様子から、シナノキの皮剝ぎのタイミングを見定めなければならない大事な時期だからだ。集落内の放送にも要注意だ。ここらの地域の各家庭には「告知端末」という、行政のお知らせを受信放送する仕組みがあって、集落内の連絡にも使う。一年のうち三日間だけ、と村で決めた皮剝ぎ許可日である「シナ山の口開け」の連絡は、タイミングを見計らってなされるので、わりと直前に放送される。だからこの時期は気が抜けないし、他の予定も入れられない。樹皮から布やカゴなどの工芸品を作る伝統があるこの村で、梅雨時期にしかできない山の仕事が、シナノキの皮剝ぎなのだ。

古代布・羽越《うえつ》しな布《ふ》を作るためには、シナノキ（コバジナ）やオオバボダイジュ（オバジナ）、その交雑種のノジリボダイジュ（チュウバ）、この三種の樹皮を剝ぐ。これを「しな剝ぎ」という。しな剝ぎだけでも大イベントだけれど、私の家ではその他にヤマブドウの蔓の皮も採る。一年分の材料を短期間に確保せざるを得ないのは、他の時期だと皮の状態が良くなかったり、幹に樹皮が張り付いてそもそも剝がせなかったりするからだ。葉を広げ、水気をどんどん吸い上げて急成長するこの時期だけ、幹と樹皮の間が浮くようになるのだ。最高の状態の皮がうまく剝がせる。

皮を剝げば、その幹は当然枯れてしまう。人間のエゴだと思う人もいるかもしれないけれど、実態はかなりサスティナブルで、初めて聞いた時には感心した。

シナノキにはおもしろい性質があり、皮を剝いで木を切り倒しても、根は元気なまま。萌芽《ほうが》とかひこばえと呼ばれるのだが、新芽たちが切り株の傍から生えてきて、そのうち株立ちする。代謝を促してたくましく育てるためには、ちょうどいい太さのものだけを選んだり、成熟した幹を切り倒したりしていくと木が栄えていき、木にも人にも好都合なのだ。

日光が好きなシナノキの周りも手入れをしたり、ついでに枝打ちをしたりする。枝打ちをすると、数年後には新たな樹皮に覆われ、まっすぐで長い樹皮が採れる。

乱獲を避けるため、集落の山の共有林では年に三日間だけ剝いでよし、と昔からルールがあるのは山熊田のおもしろい伝統だ。ＳＤＧｓをわざわざうたわなくても、昔から自然と調和する方法にちゃんと行きついている先人の知恵に感服する。

しな剝ぎが終われば、次はヤマブドウ。蔓の樹皮を採取する。林業家が見放したくなるような、道から遠く離れた杉林なんかに、まっすぐに伸びた大物が自生していることが多い。シナノキに比べて蔓の幹の成長は圧倒的に遅いので、ある程度の太さのヤマブドウ蔓は貴重だ。杉のてっぺんにまとわりつき、覆い尽くして弱らせてしまうから、杉目線では迷惑な植物と言える。これもまた、細く若い蔓は残す。

山の新陳代謝の手伝いは、野生鳥獣と人とのすみ分けを促して、共生していけるちょうどいい間合いを保つことにも役立っていると思う。全国的にはもう時代に取り残されていたような「山は財産」という意識が、山熊田ではいまだにとても強くて、恵みを得続けるための手入れを欠かさない。けれど、他の町や集落で熊がでた、猪がでたと聞くたび、人が山仕事の手を抜いたり山との関わりをやめたりすることで、人と森の関係をだんだんに

弱め、そのなれの果てではないかと思える
正直、手は抜きたくなる。しかし、手を抜いたら良いバランスで保ってきた関係は終わってしまう。背丈以上の草藪をかき分け、虫と雨にまみれて鎌や鉈で道を作る序章段階で、すでにしんどい。作業服を着ていても、手足は擦り傷とアザだらけになる。まあでも、行かなきゃ布もカゴも作れない。感情をいったん置いておいて、よし、今週末はあそこの山の皮剝ぎだ、と段取りをつけた矢先の夜十時すぎ、地震が起こった。二〇一九年のことだ。

震源が近く、ここ村上市旧山北町では震度六強を観測した。揺れがおさまった頃、「この前もひっで揺れての。まんずたまげて、アカ（乳幼児）置いて、わ（私）だけ家の外に出はってしもて」と寝室から出てきた母ちゃんが、動揺を隠しているのか、余裕なのか、爆笑しながら話し始める。東日本大震災時、この村に赤ちゃんはいなかったはずだし、え？　いつのこと？　と聞けば、五十五年前の新潟地震のことだった。五十五年前がこの前か！　いや話おもしろいんだけど、まず避難準備しないか？　とは言ったものの、ここ山熊田の場合、避難場所だった廃校の体育館が老朽化で解体されたので、それ以降、避難先は道。ちゃんと稼働している避難所も山を下りた先にあるが、そこまでの山道を三十分も下る方が危険で、結果、家にとどまるしかないのだった。冬ならまずかったな。雪道に避難なんて、非現実的すぎる。

とりあえず、鳴りやまない携帯電話を手に、集落内の高齢者世帯を見回った。電波は生きていたので、遠くに暮らす彼らの親族に、ビデオ通話で祖父祖母たちの無事な顔を見せた。

先祖の大工や木挽《こび》きや左官たちが皆で建て、新潟地震も東日本大地震も今回も耐えた家々は、不思議なほどいつもどおりで、海沿いの被害に比べると、山手の被害はほとんどないといってよかった。昔の家はすごいなあ。まあ低気密、低断熱ではあるけれど。

その日以降、鷹が優雅に飛ぶ姿や、夜中のトラツグミやヨタカの普段どおりの鳴き声に気が休まったり、家一軒分ほどのニホンミツバチの大群に、異常行動でなく派手な分蜂であってくれ、と祈ったり、生き物の動向に一喜一憂したけれど、木も雨も待ってくれない。

余震の可能性を頭の隅に置きながら、予定どおりしな剝ぎをし、ブドウ蔓を採りに行った。夫が、蔓が這っている杉の上まで登って採る。十メートルほどだろうか。一気に登った彼を見て、猿かな？　とつい口から出てしまったのだが、我が家の爺やはもっと猿だったらしい。「猿」って褒め言葉だったっけ？　経験値と身体能力が高いとはいえ、怖くないのかと聞けば、枝に体重をかけなければ末端まで行ける、とのこと。この謎理論を一般人が鵜呑みにしたら、きっと大怪我するか死ぬかするんだろうな。樹上にいる時地震がきたら？　とさらに聞くと、地震で木が倒れたなんて見たことねえし大丈夫だろ、とどこ吹く風。私の記憶の情報源は、ほとんどテレビなどメディアが伝えるものだった。そういえば今回も、盛り土の崩落現場や落ちた瓦など、よりショッキングに見える現場に順番待ちして群がる報道陣を見た。実体験が根拠の夫の言葉は妙に説得力があったけれど、過信はすまいと仕切り直し、切り落とされた長い蔓の皮を地面で地道に剝いでいく。

作業の合間、山肌に腰を下ろす。地滑りや落石の危険はあるかもしれないけれど、建物の中にいるよりも安心感があった。ただそこに根を張って生きる木々に守ってもらえているようだったからだ。母ちゃんのあの余裕は、山の民の感覚そのものなのかもしれない。

夏

一年分の工芸材料をこの時期に採る。数十キロの樹皮を背負って山を下る

禊ぎと鮎かき

「鮎、捕りいくぞ」の言い回しに違和感を覚えつつ外に出ると、想像していたものとはかけ離れた道具たちが並んでいた。ウェットスーツにフードにシュノーケル、川用ブーツに軍手、引舟《ひきふね》という魚カゴのようなもの、そして初めて見る謎の「棒」だ。釣竿ではない。ヤスでもない。長さ一メートルほどの細竹の先端には釣針がただ差し込まれていて、竹と針はゴムで繋がる。ゴムの両端は外れないが、針だけ棒から外れるように作ってある。釣竿の道糸の代わりが短いゴムといった具合。鮎をそれで引っ掛けて捕るらしい。お気楽さが一切ない道具類にひるんだ川での初陣は、何もかも初めてだらけ。釣らずに潜って捕るのか。

夏

「海と山、どっちが好きだ？」と問われれば「川」と答えるような関東平野の海なし県、埼玉に育った私は、荒川水系高麗《こま》川が日常の遊び場だった。確かに川では遊んだが、中流域とここ山熊田の川は別物だ。干上がった川藻の独特の香りも、小石の河原も、川底に点在する粘土だまりもここにはない。ドジョウもハヤもいない。見たことのない青く透明な世界が新鮮で、荒川水系出身者にとっては珍しい魚がたくさんいる。

ウェットスーツを着てシュノーケリングする鮎かきは単独でも行うが、複数人で、まるで熊の巻き狩りの感覚そのままに、横一列のフォーメーションでジリジリと上流へ移動していく独特な戦法もおもしろい。捕り方も驚異的。子供の頃からの鍛錬なのか、目にもとまらぬ早業でヒュッと鮎をかく。逃れようと暴れる鮎のパワーは猛烈で、それを受け流すためのゴムだったのかと手応えで理解する。短い竿の先に差し込んだ針で引っ掛けて捕る。ここでは鮎かきと言い、他地域でシャクリとかタクリと呼ばれているものに近い。

雪が解けていつの間にか、山菜、田植え、草刈り、薪割り、羽越しな布制作のためのシナノキ皮剝ぎ仕込みと、怒濤のような春から初夏を駆け抜け、ようやくひと息つける夏になっていた。

ここ村上市山熊田に嫁いで以来、お盆や正月の実家への帰省は皆無だ。祖父母の家は、子、孫、ひ孫や親戚が集う目的地で、嫁は当然接待側だ。皆、数日限りの久しぶりの田舎を力いっぱい楽しもうとエンジン全開、日々メンバーも入れ代わる。ゲストは短距離走、接待側は短距離の勢いでマラソンと運営スタッフを、という感じだ。生まれも育ちも山熊田の夫には「私の実家へ」という概念自体が存在しなかったが、まあ、この状況ではなあ、と諦めがつくほど、田舎の盆正月は大賑わいになるものなのだ。

私の場合、都会に住む人々とは逆で、たまに都会へ赴き、いろんな人や友人と会うことで活力を養えてきた。普段は樹皮製しな布の機織りや田んぼなど、山の一年のルーティン作業の中にいる。小さな村での日常の話し相手は高齢者ばかり、おかげで難解な方言は上手になってきたけれど、自然豊かな山村でさえコロナ禍の活動制限があれほど続けば、やはり息が詰まるし気も枯れる。よどんだ心を村で晴らすには、未知の自然を掘り下げる、その一択だろうか。まずは川だ。コロナ禍は、二日酔いや賑わいとは無縁の静かなお盆と、時間のゆとりを生んでいた。

山熊田の川は、集落の真ん中を流れている。上流だが急流ではない。せせらぎと淵が連続し、魚たちにとって最高のすまいだろう。一年で最も暑い八月でも、清流の水は人間にとって氷のように冷たく痛い。ただ目の前の川に潜って魚たちを観察するだけでおもしろいのだけれど、母ちゃんからは、山も川も危ないから絶対に一人で行くなと言われている。一緒に行ってくれる人が誰もいないのだ。そうなると、主人にしか頼めないのだが、彼はいつも男衆だけで遊んでくる。鮎かきを私だってやりたい。しかし熟練者の仲間に入れば足手まといになるのもわかる。だから私を特訓してくれ、とお願いするのだが、わかりやすく面倒くさそうにしている。「私だって鮎かきやりたい。山や川のおもしろさを教えないまま放置か、家政婦するために来たわけでねぇ」と本気でごねると、「明日、ちょっと行くか」と小さく呟《つぶや》いた。そうして私は川遊び権を勝ち取った。ここは本来、主婦のご褒美的な、宝石や高価なプレゼントをねだる場面ではなかったか。川遊び権って。

翌朝、涼しいうちに一仕事。ももまである長靴に長袖、網付きの帽子で、アブにまとわりつかれながら稲に穂肥《ほごえ》を施す。どんどん暑くなってくる。暑くなるほど川が楽しみになる。目の前なのだから頻繁に行けるじゃないかと思うだろうが、真夏の川は簡単には近づけない。水辺ではメジロ（イヨシロオビアブ）やアブなど吸血系昆虫の大襲撃を食らうのだ。

婆たちの幼少期は、飼っていた羊の毛で厚手のセーターを作り、川に行く際に着用したそうだ。それでも首から上は丸出しなので、息つぎ以外は水に潜っているしかなかった、という。そんな修行のようなアブ回避術も、今やウェットスーツやフード、シュノーケルでとても快適だ。となると煩わしいのは、汗まみれでピチピチスーツを着ることだけかもしれない。

ピチピチをまとったうえにトドメを刺す厳しい暑さ。耐えきれず急いで川へと歩いていると、休みだった村人が二人、加わってきた。結果、熟練者の中に素人が一人の構図になって気後れしたが、川に潜った途端、あまりの冷たさと快感でどうでもよくなる。透き通ったきらめく世界に、薄い金色の鮎がのびのび泳ぐさまを見て、それからは夢中だった。この小さな村の端から端までの流れの間だけなのに、とびきりのアウェー感。川を覗くだけで全くの別世界がどこまでも広がっている。必死にご近所バトルを繰り広げる鮎たち。その横を涼しくかすめていく岩魚や山女魚。岩陰から息を潜めてこちらの様子をうかがっているらしいサクラマス。川底まで光が射し、その石をひっくり返すと煩わしそうに石陰へ向かうカジカ。どの魚たちも生命力がパツンパツンと弾けんばかりに輝いて、本当にきれいだった。

浅瀬では頭を沈めてほふく前進のように進み、少し深い淵では頭を下にして潜る。数年前に豪雨で川沿いの崖が崩れて木が根ごと川に落ちた場所は、年月を経て小さな淵になり魚礁のようになっていた。大岩と川底の間に隙間ができ、そういったところにも魚が溜まっている。村の中の川でさえ一人で行くなとは大袈裟な、と思っていたけれど、魚が多く集まるところを深追いすれば、腰の引舟が根に絡んだり大岩に体がはまったりするなんてアクシデント、あり得なくもない。

狙いを定めて引っ掛けて、を繰り返すと、だんだん鮎はパニックを起こしてビュンビュン逃げるようになる。すると一人が水面を竿でパシャパシャと叩き出した。余計に興奮させてしまうのではないかと思ったが、「そこにすわってるから掛け」とモゴモゴ指示が出た。すわるというのは、石や岩の隙間に魚がじっと警戒して潜んでいる状態のことだ。そんなチャンスを何度も教えてもらっても、うまく針に掛けられず空振りをする。めげずに何度も空振りを繰り返し、やっと一尾。棒がブルブル振動し、捕った手応えが嬉しい。でもそれより、川に入った瞬間のあの快感の方が圧倒的に鮮烈だった。今度は少し深い淵の岩の裏に隠れている、というので、逆立ち状に潜り、岩の下に左手を掛けて、真っ暗な隙間を覗く。五尾。でかい。じっとこちらを見ている。私の左右に熟練者が位置どりし、囲ってくれている。しかし下手な私はただ水をかき回すだけで、危機を感じた鮎は手の届かない岩の隙間から散っていった。俊敏に泳ぐ姿もまた神々しいのだが、そう悠長なことも言っていられない。

私がほとんど偶然に二尾を捕る間、男たちは三十尾ほど捕らえている。なぜだ、と所作を盗み見ると、浅瀬では水の流れを利用しつつ、抵抗を避けるために腕を水面から出して半身で構え、淵では倒木に擬態しながらじわじわと追い詰める。体の使い方や瞬発力、相手が油断した一瞬を見逃さない集中力。熊にも鮎にも本気の姿勢に、人間本来の能力をまざまざと見せつけられ、同時に自分の退化っぷりを痛感した。

初めて鮎を引っ掛けた瞬間の、棒がブルブル振動する手応えを、何度も思い返す。でもそれより、川に入った瞬間のあの快感の方が圧倒的に鮮烈で、近況報告がてら実家の父に電話をして興奮を伝えた。すると、「そういえば子供の頃、俺も高麗川で魚引っ掛けて捕ったよ」と楽しそうに言う。そんな話を初めて聞いたからおもしろくなって、今度は山熊田の爺や婆に、埼玉でも同じような道具を使って魚捕りをしていた旨を伝えると「ほう、んだのか。昔だばゴムもないただのヤス使うてた、川が真っ黒になるほど鮎いたさげ」。その横で「おなごはの、細こい枝に縫い針三、四本括り付けた道具作って、夜にカンテラ持ってはチョンチョンとカジカ突きしたんだ。串に刺して焼けば油滴《したた》ってうめえんだ」と芋づる式にどんどん昔話が展開する。爺婆たちが子供の顔に戻っていく。

コロナ禍で蓄積したネガティブな感情の澱《おり》は清流の水に溶け出して、流れ去っていったようだった。水は体の奥底まで冷やし清め、寒くなって川から上がると、あのウンザリしていたはずの熱風がありがたい。憑き物が落ちたかのような爽快感だ。あれ、これはもしや「禊《みそ》ぎ」なのか。そういえば確かに入水したのは、村の神社の下の、かつて参拝前に禊ぎをしていた場所だった。

冬のために、山を焼く夏

夏の暑さは暑いまま。近年、本当に暑い。山なのに暑い。

仕事帰りに冷たいのを一杯引っ掛けて、とか、店に入った瞬間の涼やかな冷房の快感などとは全く無縁の山熊田では、少し前まではクーラーなんてほとんど見なかった。確かに暑いのだが、以前はこれほど暑くはなかった。せっかく目の前に渓流があるんだから、入ればいいじゃないか、と思うけれど、アブ類の猛襲は厄介だし、入ればそのあと体が火照ってしまい、仕事ができなくなってしまう。暑さに耐えて、やり過ごして、暑さがピークになってくじけそうになる頃、とどめを刺すように一年で最も過酷な仕事がやってくる。

山焼きだ。冬を越すための食料となる赤カブ栽培を、焼畑で、山肌で行うのだ。

夏

中学の地理の授業で教わった「焼畑農法」とは、てっきりアフリカや南米など海外の話だと思っていた。「焼畑」と聞くのだって数十年ぶり。それが日本でも行われているなんて驚きだ。大体、焚き火も禁止になった世知がらい現代日本でも可能なの？　山火事みたいなもの？　と想像しようにも、知らなすぎて思考が停止する。

朝、テレビで「危険な暑さ、厳重警戒、外出はできるだけ避けるように」と言ってるそばから、水筒に水を詰め、凍らせたペットボトルにタオルを巻き、着々と山仕事の準備が進む。研いだ鎌を二本持ち、長袖長ズボンの作業着、つばの広い農作業用帽子、手袋、スパイク付きの地下足袋が装備だ。朝なのにすでに暑い。すごすごした気持ちを悟られないようテキパキ動く私と同じく、七十代後半の先輩たちもまたテキパキしている。日照り続きのこの猛暑を、彼らは待っていたのだ。いや、もしかしたら、やるしかない宿命に開き直って前向きなのか。毎年のことだしな。そういえばここの村人は、この山仕事に照準を合わせて暑さへの耐性と体力をつけ、まるで変態を遂げた超人だった。だめだ、このテンションに釣られてついていけば私だけ自滅する、と身を引き締めた。

八月のお盆前の最も暑い時期に山を焼くため、その一、二週間前に藪の草を刈って干す。

さらに杉の枝葉を山から大量に拾い集めてきて地面に敷き、それらも燃料にする。杉の葉は油気があって、よく燃えてくれるのだ。それら畑づくりの下ごしらえが最も過酷なのだが、腰が曲がった婆ちゃんでも急斜面を大股で踏ん張り、木になる気満々の巨大な草をザクザクと刈る。地面を掘り返すように刈る。本物の若木も生えているが、地面ギリギリのところを鋸や鉈で切る。全力投球のアンダースローが続くような鎌使いで、シダや葛の根もザクザク掘る。鎌だけど鍬《くわ》。しばらくして違和感があり、ふと見ると、手に持つ鎌の刃がおかしな角度に曲がっていた。うわあ、壊しちゃったか。「なんだか私、鎌の使い方、下手みたいだ」と言うと、隣で大鎌を振る婆ちゃんが「いいんだ。山焼きの下薙《したな》ぎは、鎌、ほんに傷むもんださげ。後で爺やに直してもろえ」。え、いいんだ。ああ、だから二本持たされたのか。刈りつつ耕すような使い方、鎌からしてみれば不本意だろう。

「どれ、一服しよ」と救いの声が掛かると、最寄りの比較的平らな藪の草陰に潜り込む。気まぐれな微風が嬉しい。水だけでなく、各自持ち寄った菓子やパン、果物、ジュースに栄養ドリンクと、藪が突然お茶の間になる。皆が皆の分を持ってくるので、まるでパーティーのようだ。

そういえば、久しぶりに会った友人に「なんか、太った？」とか、初対面の方から「何かスポーツなさってるんですか？」と言われる。驚くことに近隣集落では、私の懐妊の噂も立っていたらしい。藪から棒ではあるけれど、心当たりはある。まさしく、そのパーティーだ。食事でもおやつでも、食べないと信用されないからお腹いっぱい食べてしまうのだ。「ほれ、これ食え。力出ねえぞ」「今はいらないな」「はー！　ほんに！　おめさん、食わねなあ。食え、食わねばねぞ」としかめっ面で強く促される。そんな〝食えハラスメント〟みたいなことが常に起こっている。働くことが好きで、だから食べることも好き。食後の別腹も立派だ。暑くて裸になっている筋骨隆々の老体から溢れる、食べるとは生きることだという説得力はとんでもないが、どうも馬力に比例して燃費が悪いようで、婆たちはいつも何かを食べている。お菓子だけでなく、餅に団子に灰汁笹巻き、圧縮系の炭水化物が目白押しだ。それもこれも、もし山で倒れれば、本人も仲間も大変だった実体験から、この予防的「食えハラ文化」に至ったらしい。しかし未変態の私がそのペースで食うのはまずいのではなかろうか。この村の、ご年配には特に、華奢でかわいい＝当てにできない、という価値観が強くあり、私は見事に女らしさ迷子街道まっしぐらだ。

余談だが、お酒を飲まなくても母ちゃんに心配される。私はお酒が好きなのだが、毎日晩酌するわけでもないのに「なした？　あんばい悪《わ》りあんか？」となる。いや、今日は飲まなくてもいいかなー、と返せば、「なんだ？　腹でも病めらんか？　熊の胆飲むか？」と信じてくれない。この純粋な優しさにしばしば負ける。

草の刈り干しが終わり、晴天が続いたら、消防に届出を出す。いよいよ山焼きだ。延焼防止のために、畑の周囲に三メートルほどの幅で、燃えるものがなんにもない、土がむきだしのエリアを作る。山火事は絶対に起こしてはいけないから、軽トラに水のタンクと散水ポンプを載せて現場に搬入だ。各自の他の荷物は草を薙いでの畑づくり時とほぼ同じ。鎌も持つ。

点火は必ず、畑の斜面の最上部からだ。もし下方から点けると斜面の枯れ草の表面を一気に火が走り上り、炎が瞬間的に巨大になって山火事に発展しやすい。この辺りは植林した燃えやすい杉が多いから、なおのこと危険だ。しかも、そうなると肝心な地面も表面が焼けるだけで地表は燃え残り、畑としても使えない。

畑をぐるりと人で囲んで何もないゾーンに水をまき、その後もポンプで周囲に散水しつつ、踏んだり棒で叩いたり鎌で火種を消したり、人海戦術で延焼を防ぐ。露出している顔面がものすごく熱いけど、座るといくらかマシになるので、監視しながら立ったり座ったりを繰り返す。畑の規模にもよるけれど、二、三時間ほどかけて焼く。私が加勢する山焼きは昼ばかりだ。

山焼きをする時間帯は夜と昼の二パターンがあるのだが、利点欠点がおのおのにある。夜に焼く利点は、なんといっても残り火や飛び火が発見しやすく、延焼を防ぎやすい。炎の上昇気流が小さなつむじ風となって火の粉を巻き上げることがしばしばあるのだが、闇夜だと小さな火種もすぐ発見できるのだ。そして、昼ほど暑くはない。燃やしている最中の幻想的で荘厳な風情が、非現実的でたまらない、などだろうか。その代わり、夜露、朝露などの影響を受けやすいから、じっくりよく焼くのはやや難しい。

昼に焼く場合、一年で最も暑い日の、最も暑い時間帯を狙うことで、根本や地表までをも、じっくりしっかり焼くことができる。焼畑の最大の目的は、アルカリ性の灰が土を中和して肥料にもなることだ。しかも雑草は抑制でき、病気や害虫も防げて、良いことずくめ。その効果を最大限に引き出すならやはり昼だ。しかし、猛烈な暑さと熱さで、私たちの熱中症や過労のリスクも最大限になる。近くに川や沢があったらラッキーで、服のままザブザブ頭と体を冷やせる。アブがいるのがどうでもよくなるほど熱にやられるのだ。おかしなところに煙が立っていないか、火種が飛んでいないか、明るくて見えづらい日向にずっと目を凝らし続けなくてはならないのも昼の難点だ。

程よく燃え尽きたら、婆たちは「今年はよく燃えたなあ」「よく燃えたよく燃えた」と畑と人々を褒め称えまくる。その言葉で、しおれた私たちはちょっと元気を取り戻して、邪魔になる燃え残った枝を手で拾い集め始める。くすぶった煙があちこちから立って地表が温かいうちに、赤カブの種をまんべんなくまく。暑さと疲労でヘトヘトで、大雑把にバッとまきたくなるけれど、グッと我慢だ。掌で種をすくい、指の間から漏らすようにまいていく。くすぶっているところにまいたら燃えてしまうんじゃないかと心配になるけれど、どうやら逆で、焼きたての温かい地表にまくほうが発芽率は高いそうだ。先人たちは経験則でそういうことを知っていたのか、とびっくりする。

この山焼きは、実は林業と密接に繋がっている。木を伐採した後、植林する前の数年間、その開けた斜面を利用して焼畑をする。山には落ち葉が堆積し腐葉土となっていて、そもそも肥料がいらないくらいに土が肥えている。伐採後の地表があらわになった斜面を焼くことで殺菌消毒され、平地が極めて乏しい山間集落の貴重な食料栽培の畑へと期間限定で生まれ変わる。そうやって数年ごとにノマド的に畑は移動していき、活躍を終えた畑は、また人の手で植林され、木が育つまでの数十年を経て森となる。そういう大きなサイクルを続けてきた地域だ。

今でこそ名産の赤カブばかりを育てているが、かつては蕎麦や大豆、小豆に大根など、豪雪の冬を越すために様々な食料を育ててきた。収める年貢も、米でなく山焼きの作物の納品が許された地域だそうだ。そんな山での収穫物を担いで帰る時に使ったのが、私がいま織っている「羽越しな布」で作った大きな一斗袋だったりする。

とまあ、何もかもが繋がっている山の暮らしなのだが、すごい文化だとわかっていても、やっぱりしんどい。山熊田に来る前なら、こんな山仕事や食えハラに音《ね》をあげていただろう。そう考えると、私は緩やかに変化しているのかもしれない。婆たちのように変態するとなったら、どんな姿になっていくのだろう。とりあえず当面は、違う方向に変化しないよう、食えハラスメントに立ち向かうことにする。

刈り干しした草や杉の枝葉を燃やす。燃え残った枝を拾って片付けたら、くすぶっているうちに種をまく

お墓とお参り

昔、お墓が怖かった。二十代の頃に渡英した際、美しい田舎の教会を訪れた。回廊の床に何か書いてあった。よく見ると、著名な小説家がここに眠る、と記してある。踏んでしまっていた。踏み絵かよ！　罠かよ！　なんで廊下のど真ん中にお墓!?　ごめんなさい！とパニック気味にひるむと、イギリス在住の友人は「なんで怖がるの？　私たちは普段、お墓でピクニックなんかよくするし。墓石のデザインも超かわいいんだよ」とケロッと言う。私は夜の真っ黒い海のようなものが死だと漠然と恐れていたし、それを連想させるのがお墓だったから、このギャップが当時は全く理解できなかった。

暗闇が豊かな山熊田に来た。「都会と違《ちご》うて夜暗《くれ》えさげ、おっかなくねえか？」と婆に

夏

聞かれた時、あれ？　あのやみくもに怖がる時期は、いつの間にか過ぎ去っていたんだな、と自覚した。私のお気に入りの星空観察スポットは、今やお墓の真横の道だったりする。

墓地は村の中や外れにあるのだが、普段はあまり目に留まらない。一般的な、あの背の高い墓石ももちろんあるけれど、ここのお墓の多くは土葬だからだ。地面に並べられた一メートル四方ほどの石の集団がそれで、漬物石が四角く敷き詰められたような具合。古すぎてお墓なのか足場なのか、単なる素材だったのか、うやむやになっている石も墓場にはゴロゴロある。初めて見た時、四角く並んだ石の群れの下に、なきがらが眠っているのかと地中を想像したし、そりゃ鬼火も出ただろうね、と納得してしまったけれど、そのリアリティがあっても、彼らがこの村のご先祖様たちだと思うとありがたい気持ちになり、生前に一緒に酒を酌み交わしながら、山の武勇伝など聞いてみたかったなと思う。でもやはり、お墓の石の間の草むしりをしている際、石の一部が陥没していれば、一瞬ひるんだりしてしまうけれど。棺桶は樽状ではなく、この村では四角い箱状だったそう。土葬後は土がこんもりと盛られ、その上に石を置く。年月を経て段々と土の山は沈んでいき、うまい具合に石が四角く並べられたようになる、といった具合らしい。

ここは今や、十八世帯の小さな村だ。それがお盆になると人口は爆発する。平地が限られている山あいの村、農業での自立は期待できない。それに基本的に長男以外は村を出る風潮があった。高度成長期以降、林業や製炭業、製塩用の薪を川の流れを使って山から海へ運搬する「塩木流し《しょっき》」などの山仕事は激減し、仕事を求めて各地の都市で暮らしを立てる人が昭和中期から増えた。女子は他県の夜間高校に通いながら日中は紡績工場で働く、という集団就職を兼ねた進学の斡旋も一九七〇年代まで進められたそうで、行った先で縁を結んだ人も多い。そんな彼らとその子孫たちが、一気に田舎のお婆ちゃん家にやってくる。

毎日が宴会で、各家々が会場だ。久しぶりの帰省と再会を貪欲に楽しむべくあちこち巡る。誰がどの家にいた、いや今はあそこの家に移動した、と最新目撃情報が飛び交い、昔話に飽き足らず「昔お前を好きだった」など、今さらな甘酸っぱい発言まででたりして、力いっぱい地元の感触を取り戻しつかんでいく。酩酊後の履き物の取り違えは毎度のことで、学習するなんてことはまず起きず、朝の玄関は左右バラバラな靴でカオスだ。遠慮がちな孫世代だけが、ゆっくり自分のお婆ちゃん家を楽しんでいる模様。

学習しない極めつけは、翌朝の二日酔いだ。連日新顔が到着し、連日宴会が続くのだから、ウコンの力を借りても追いつかない。みんながみんなそうだから、こういうものなのか、と腹を括る。

まだ人間に戻っていない泥のような体にしぶしぶ鞭を打って、朝六時頃からお墓参りが始まる。桐の葉を敷き、小さく握った赤飯や団子なんかを数十個並べたお盆、それに線香とろうそく、マッチ、摘んできた花、水が入ったヤカンなどを持ち、家族みんなでお墓参りをするのだが、これがかなり独特なのだ。

ほぼ全戸が親族だから、村中に点在するお墓を全て巡るのだ。各家族団が巡るから、早朝の一時間ほどだけ、結構な人通りになる。本来は賑やかになってお祭り騒ぎのはずだけど、深酒しない爺や婆、孫たち以外は、ほぼ全員、酒がまだ残っているような状態だから、それどころじゃない。お互いがつらさを悟られないよう、「きれいな花が咲いてる」「蝶々が飛んでるなあ」など、青白い顔で、変な感じで饒舌気味になっていたりする。お墓参りツアーに顔を見せない人があれば、二日酔いがひどすぎて起きられなかったのだろうと察するのも、お墓参りの醍醐味の一つかもしれない。

お墓にお供えをして回る。けど、誰も手を合わせない。手荷物が多くて手を合わせられないのだ。そして数十ヶ所の墓巡りを一気にするから結構忙しい。土葬は当然、一人に一つのお墓ということもあり、お墓はいっぱいある。それら全てに団子と花と線香を供えまくる。まるで逆托鉢のようだ。墓標があれば誰のお墓かわかりやすいのだけれど、例の石の集団は、解説がなければ全く情報が得られない。そこで大活躍するのがお婆ちゃんたちだ。ツアーコンダクターさながらに、ここは誰でどんな人だった、と教えてくれ、そうして初めて人物像が蘇る。ほぼ毎年、二日酔いで頭がぼんやりしているから、毎年新鮮に婆の説明を聞ける。ひとしきり巡ったツアーの最後は、ウサギ巻き狩りで雪崩に遭った方々の集団墓地に、残った全てをどっさりとお供えして終わる。そんな朝ツアーを二日間行う。

私の実家の方の「迎え盆」や「送り盆」といった概念とは全く違い、例えるなら、ご先祖の居場所（家や部屋）がお墓で、挨拶がてら遊びに行くのがお墓参り、といった感じだろうか。私は、この村が大きな一つの家のように感じているのだが、そのわけは皆が皆の行動をふわりと把握していて、でも別にとやかく言うわけでもない。そんな距離感だから、まあ、ご先祖様たちがお墓にいたければいるだろうし、家に帰ってきたければ来ればいいし、といった心地のいい適当さだ。

この感覚は、村人みんなの距離感の近さや仲の良さだけじゃなく、熊や野生鳥獣を狩り、川で魚を捕り、それらをありがたく食らう、そんな生と死が身近にある暮らしだからなのかもしれない。それに今でも山で遭難があればマタギの男衆は捜索に向かったりするし、あまり役に立たない私でも加勢したことがあった。生きて死ぬ、生き物なら当たり前の自然界の節理が、自分の実感として強く持ち続けやすい環境だからなのかな、と思う。

ご先祖たちもいるんだろうな、と思うほど村は気配に満ちている。爆発した村の人口はいつもの五倍くらいだろうかと感じたお盆も、数えてみたらそうでもなかった。あちこちの家の、普段は使わず真っ暗な部屋のはずが、こうこうと明かりが灯っている。それはまるで灯明《とうみょう》みたいだ。外を歩くだけで、活発さが嬉しく、切なく、とてもきれいで、胸がいっぱいになってしまう。そんなふうに感慨深くなってしまうのも、酒の力が及んでいそうだけれど。

初日のお墓参りを終えて、夜は村の盆踊り。
村人、帰省者、ご先祖様、皆で楽しむ

二章

秋

山の恵み、稲刈り、
そして狩猟解禁。
やがて雪が空に舞う

わかりにくいグルメ

この村に住んで、大きく変わったことの一つは、食生活だ。仕事帰りに一杯ひっかけて、なんてまずしない。というか、できない。公共交通機関が一つもないこの村の住人がお店でお酒を飲むには、誰かに送迎をお願いしなければならない。それができない場合は、居酒屋一つ行くにも宿を確保する。居酒屋で一杯とは、この村ではとても贅沢な遊びなのだ。最寄りの生ビールまで車で三十分。

そういうわけで、どうしても村の中での飲み会や寄り合いが多くなる。そういう場には参加者が食べ物を持ち寄るのだけれど、ポットラックパーティーみたいな華やかさはなく、ゴリゴリの郷土料理だ。わざわざ作る、というより、いつもの料理を持ってくる感じ。

そのラインナップがおもしろい。見たこともない料理であったり、食材自体が未知であったりして、私にとってこの食膳は冒険だ。説明を請うても地域特有の呼称が返ってくることが多く、正式名称と結びつかないから調べるのも大変。今まで培った一般常識や雑学は出る幕もなく、煙に巻かれる。ここは本当に日本なのか？　と思うほど、カルチャーギャップが大きい。

例えば、秋にお目見えする「トコロ」という蔓性多年草。黄土色の根茎に無精ヒゲのような細い根がチロチロ生えており、一見すると肌荒れした生姜かウコンだ。ビジュアルがすでにまずそうだ。それが大量に茹でられ、ザルに上げられたままドカンと婆がたの輪の中央に置かれる。これは料理と言っていいのだろうか。食べる都度、包丁で皮を剝く。現れた薄黄色の細長い塊を、そのままいただく。

味付けはしない。剝きたてを「ほれ、食え。うめざげ」と手渡される。指がもちもちザラザラする。でんぷん多そうだなあ、と芋的な何かを想像してかじると、喉が力んだ。すごく苦いのだ。これがうまいのか？　みんな、味覚どうかしてないか。でも周りの婆がたは「今年なんはうんめな」「ほー、立派だんの」など、この苦芋を褒め称えている。私は完全にアウェーだ。

この不可解な置いてけぼり。意地でも良いところを探してやるぞと、もう一口かじる。やっぱり苦い。ねっとりもちもちして、硬めに煮た里芋のような食感で、繊維質も感じるのだが、とりあえず苦い。皆が絶賛している理由が全くわからない……とため息が鼻から抜けた途端、驚いた。さつま芋のような甘い香りがする。すると、苦味の奥に甘味が現れた。困惑の後に思ってしまった。あれ？　美味しいかもしれない。

なんだこの感覚を試してくる食べ物は。ただ茹でただけ、地味で素朴さむき出しの、決してうまそうには見えない根っこの挑発に、まんまとはまっていく自分の感覚が信じられない。遠くの甘味に気づくと、あの苦味が必要不可欠な役者となって、手が止まらない。なんなんだ、このおもしろい食べ物は。皆も少しずつかじっては、その味わいと香りの振り幅を楽しんでいるようだ。どこまで深く甘味まで潜れるか、という感覚遊びのようにも見えた。

山熊田では、秋の中盤になると「ヤマイモの山開け」がある。集落の山で三日間だけ自《じ》然薯《ねんじょ》を掘っていい決まりだ。

自然薯を平地で真下に掘り進める作業は大変だ。だから山の斜面で茎が太いものを見つけて、削るようにして掘る。売るわけでもないから折れてもまあ良し、時間制限があるからザクザク掘る。

その日はヤマユリの根も掘っていい決まりで、百合根の外側の大きな鱗片だけを外して食用にし、中央の蕾のように見えるピンク色の部分は土に埋め戻す。再生するからだ。

ちょうどその頃にトコロも旬を迎える。葉と蔓が自然薯と似ていて黄葉も同時期なので、せっかく深く掘ったのに出てきたのは自然薯じゃなかった、なんて経験された方もいるだろう。それは多分トコロだ。山の裾で谷っぽくなったところに落ち葉などが溜まる「ヒド」と呼ばれる地形に、大モノが育っていることが多い。

さすがに自然薯とトコロを間違って掘る人は村にはいない。自然薯は、秋祭りにあたる村のお神楽《かぐら》でのタヨサマ（神主）へのお膳や、お正月のご馳走にもするから、山開けの日は自然薯だけにロックオン。それ以外の日にトコロを掘る、といった具合だ。

気持ちがいいほど、観光素材やインスタには全く向かない食材や料理ばかりだ。色彩に乏しく地味なものが多い。ステーキや寿司、焼き肉など、わかりやすくワクワクできるような派手さもない。それにそれら派手な料理たちは、車で数十分から一時間以上行かなければ手に入らず、村の日常の食卓には縁遠い。逆に、目の前の山や川にある「わかりにくいグルメ」は、大量には採れず（採らず）、季節限定で、流通もしないという、希少で特別なものだ。地味なのに、印象の爪痕を強烈に残す味わい、思い出してはまた食べたくなる不思議な魅力がある。巡る季節の待ち遠しさはだんだんと強まっていき、いつの間にか、毎年同じルーティンの中にいる。今度は何が挑発してくれるのだろう。

秋

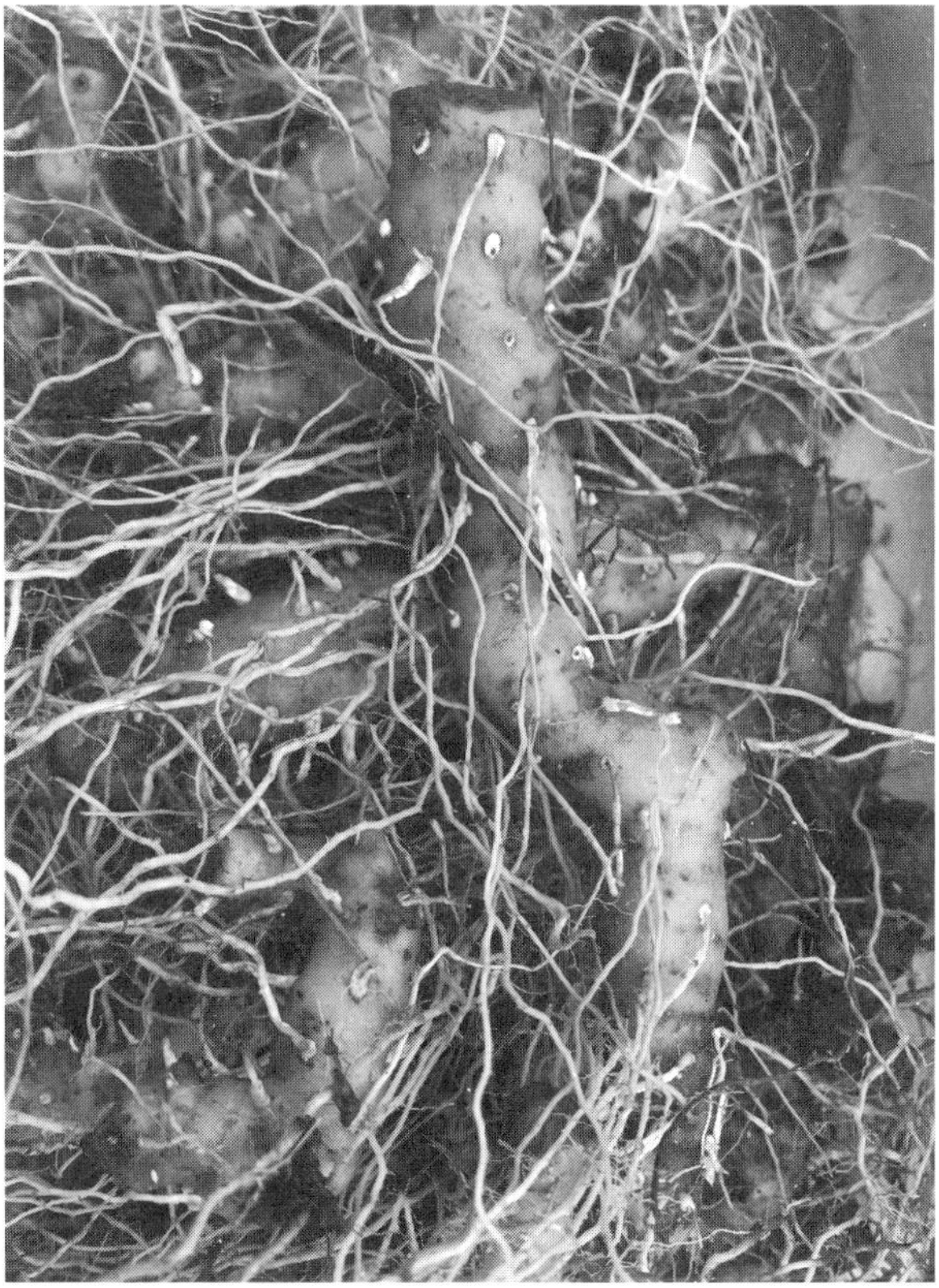

感覚を試してくるおやつ、トコロ。これを見て
「美味しそう！」と思えたら相当な玄人だ

伝統野菜の赤カブ

猛ダッシュさながらの速度で、日に日に紅や黄の色みを増しながら寒気をまとう山につられて、まるまる太るかわいいやつがいる。伝統野菜の赤カブだ。「温海《あつみ》かぶ」という在来品種で、ここ村上市旧山北町、隣接する山形県鶴岡市旧温海町の山地が栽培に適しているそうだ。山焼き(焼畑)の文化も残っているから、伝統は失われず現在に至っている。ビーツのように中身まで赤いわけではなく、皮の表面だけが赤紫色。その赤カブの収穫期の始まりが晩秋だ。夏に焼いた山の斜面にはコロコロに太ったカブが乗っかっていて、転がるまいと細い根っこだけを懸命に地下に伸ばして傾斜にしがみつく。へばりつく。そんな場所での収穫作業ではむしろ、私の方が転がっていきそうだ。

秋

収穫の基本スタイルは、腰にカゴを括り付け、片手に包丁を持つ。だから、危なくて転んでなんかいられない。包丁で葉とチョロリと伸びた根を切り落としてカゴに入れ、同時に密生する箇所の小さなカブを間引きしながら収穫は進む。畝《うね》などは作らず、耕しもしない。そんな山肌に、なるべく均等になるよう一面に種をまいたカブ畑だから当然、足場もない。大事なカブを踏まないようにわずかな隙間を足の爪先で探しては一歩一歩慎重に行っても、時々ズルッと滑って踏んでしまったりする。まだ小さければ、ごめんなさいがんばって、と植え直す。

大きく開いて茂る葉をかき分けて、隙間を覗き込みながら、十分に育ったカブだけを探しては採っていく。この作業だけでも「ああ、だからお婆ちゃんたちは腰があんなに曲がっているのか」と納得するほど、腰をかがめた作業が延々と続く。斜面であるのがわずかな救いだけれど、体型が変わってしまいそうだ。この村では腰の曲がりは働き者の証で、わりとまっすぐな腰の婆には「な（お前）は、しょうらくした（怠けた）」なんて、遠慮のない嫉妬まじりのジャブが飛ぶ。曲がった腰は誇らしいが、スタイルの美しさに憧れもあるらしい。男である爺やがまっすぐな腰で良い姿勢だと「格好がいい」と褒められる。この男女差は謎だ。まずい。このまま山熊田の価値観に乗ってしまえば、私も確実に腰の曲がった女になってしまう。と、あらがってアイタタタと体を反り返らせてみるけれど、片側の腰にぶらさがる重いカゴが不安定でふらつく。落ちたらあそこか、と眼下の渓流を見ると、危機感を忘れるほど不意打ちの美しさ。赤カブの彩度の高い紫色と緑色が日の光で一層派手になり、上を見れば秋晴れの真っ青な空と、赤や黄色に燃える山。都会の夜を賑やかす補色だらけの派手な看板と色みは似ていても、総天然色で鮮やかな世界に、目はお祭り騒ぎだ。

山積みの赤カブを軽トラに山盛りにして村へ戻って、今度は清水で洗う作業だ。その辺にある薪などで四方に枠を作ってブルーシートをかぶせ、水を引き入れて簡易プールを作る。そこにドカッと赤カブを投入すると、ぷかぷか浮くカブの玉が水流で緩やかにくるくると巡って、縁日のスーパーボールすくいを思い出す。そういえば、ここ何年も縁日なんて行ってないなあ、と懐かしがりながらカブを洗う。的屋《てきや》の露店が並ぶお祭りなんかには縁遠い地に来てしまったけれど、「くるくる回るカブでいいや、かわいいし」と思い込もうとがんばるそばから体がどんどん冷えてくる。斜面で踏ん張りすぎて地味に汗をかいていたようで、さらにキンキンに冷たい清水を何時間も触っていれば、そりゃ冷える。風も冷たいし、晴れていても寒いのだ。雨やみぞれ、雪が降ってもやらなければいけないから、かわいいなんて言っていられるのも今のうちだろう。赤カブの収穫は積雪で打ち止めになるのだけれど、不意打ちの積雪であれば、雪を掘っての収穫作業になる。想像しただけでゾッとする。

ちなみに収穫を免れた未熟で小さな赤カブは、雪の下で冬を越し、雪が解けるころ地味に成長して甘みも増すようで、それも収穫する。買い物に出られる現在とは違い、昔の人にとって雪下のカブは冬の間ずっとご無沙汰していた貴重な生鮮野菜だったから、ありがたさもひとしおだっただろう。さらにそれを免れて、花を咲かせるまで逃げのびたカブからは、種を取らせてもらったりする。

作業はまだまだ終わらない。数十キロ、時には数百キロの洗った赤カブをサイズ別に分け、テニスボール大くらいまでなら丸ごと、それより大きければ、くし切りか四等分にする。漬物の仕込みだ。

この赤カブは全て甘酢漬けになるのだけれど、実はバリエーションがある。大きく分けると三タイプだ。主流は脱水させるため塩で下漬けをしたあと、赤カブから上がってきた水を捨て、甘酢で漬け直す「本漬け」。これは冬季の四、五ヶ月間保存できる。雪で閉ざされる冬の貴重な野菜として重宝されてきた、古来からの姿だろう。仕込み始めから二週間ほどかけてできあがり、新鮮な風味と歯ごたえを長期間楽しめる。うってかわって、収穫したその日に食べたい！　今すぐ食べたい！　となれば、細く千切りにして塩揉みし、甘酢を加える「浅漬け」。これは秋の定番で、特に初物は必ずこうして食卓に並ぶ。その二種の中間もあって、一口大に切ったカブを、塩を含む甘酢液で一気に混ぜ合わせ、おもしをして三、四日で完成の「にわか漬け」だ。山焼き赤カブの特徴である鮮烈な辛味が最も引き立つ。けれど長い冬を越すほどの持久力はない。

調味料も極めてシンプルなもので、砂糖、塩、酢、焼酎だけ。ただ、酢だけは特殊で、三倍酢、五倍酢などの濃縮された酸味のきついものを使う。よく見かける米酢や穀物酢などを使うと、味がぼやけてしまうのだ。長期保存するものだから、なおさらぼやかせたくない。そして砂糖。コクや旨味を狙ってザラメや三温糖などを使いたがる人もあるかと思うが、山熊田ではほぼ全員、真っ白な「上白糖」推しだ。これにも理由がある。赤カブの皮に含まれるアントシアニンが酢と反応して鮮やかで突き抜けたピンク色に変わるのだが、この色をとても愛でているのだ。だから濁らせたくない。白黒ばかりの冬の世界に、ド派手なピンク色は、気持ちを明るくさせる効果が抜群なのだ。

漬け方は様々あるのに、葉っぱの調理法、漬物以外の調理法をほとんど見たことがない。ポトフだとかサラダだとか、せっかくの無農薬だし、いろいろないただき方があるのに……。と提案がてら作ってみても、家族の反応は薄い。そもそも見たことのない料理への関心は常に薄いのだが、それにしても、甘酢漬け以外はしっくりこない絶対王者的ポジションは不動だ。冬には必ず毎日食卓に上る究極の常備菜で、なにしろ重宝する。何百年も前から続いてきた経験の中で完成された食文化なのだ。そして家々で「手前味噌」のように独自の調味液配合が存在していて、違いがわかってしまうほど馴染みの味を持っている。私にはどれも美味しいのだけれど、

長い年月の中で、完成形に至った赤カブ漬けも曲がった腰も、昔から続く山での暮らしが培ってきた。それにはもちろん敬う気持ちを持つと同時に、他にもいろいろあっていいのになあ、とミニマム食文化に触れては思う。けれど、結局その完成形に行き着いていくんだろうな。やはり伝統は強い味方なのだなあ。しかしどうしよう、腰。

よくないことは、ロマンチックに丸め込む

露地栽培の舞茸の収穫をする近所の婆たちと井戸端会議をしていたら、甘いヤマブドウだから食え、と母ちゃんが差し入れをよこした。ヤマブドウにしては甘いが、やはり酸っぱいし種がでかくて可食部も少ない。婆たちと一緒にププッと種を飛ばす。「来年はブドウ畑になってしまうね」と笑っていると、そのうちの一人が、そういえば昔、自分の家の庭にマスカットが生えて実を結ぶまでになったが、縁起が悪いからと切り倒した、と話し始めた。屋敷の敷地内で根を広く張らせれば、亭主を押しのけ家を傾かせる、ということらしい。日除けを兼ねてゴーヤーを育てた私はまずかったか、と聞くと、野菜は根づかないからセーフだそう。でも蔓《つる》性樹木やクルミやトチはアウトで、特に桐は不吉さトップレベル。桐の根が家の下まで伸びたと推察できる場合、その家の不幸や家族の不調の全てを

桐のせいにするほどらしい。なんでだろうと聞いても「昔からそう言うんだっけぜ」とぼんやりした返答だ。

　山熊田には、村独自の昔話やお伽話のような伝承がいくつも残っていて、ほぼ口伝《くちづたえ》だ。熊巻き狩りに持たせるおにぎりの具には、味噌と茄子はNG。味噌は失敗を意味する「味噌をつける」に由来するのはわかるけれど、なんで茄子？　と不思議に思っていたら「無し」を意味するらしい。というか、山熊田の方言では「なす」という発音になってしまうのだ。確かに、保存袋などにカタカナで内容を記す時も、小豆は「あじき」、餅は「もつ」と書かれている。わりと母音の扱いが適当なようで、私を「ジョンコ」と呼ぶ人もいる。斜め上の納得ポイントや、語呂と方言のマリアージュ。ほっこりする田舎ならではの謎の解明がおもしろい。それら背景を探るのも含めて、こういう類の話は私にとって特別な娯楽で大好物だ。時代背景や史実、慣習などを手がかりに、由来を推測しては皆に合否判定をしてもらう。誰も正しい答えを知らないからこそ、この遊びは楽しいのかもしれない。さらに、本当の答えに行きついているかもしれないロマンも感じる。婆たちは、そんな私の反応をおもしろがって話を続けてくれる。

「ジョンコ、山熊田には椿も藤も生えてねえろ？　なんでか知ってっか？」

確かに不思議に思っていた。近隣集落の山ではよく見かけるのに、山熊田の山ではまったく見ない。「椿は、花が首ごと落ちて不吉だと聞いたことはあるけど、そんな感じ？藤は繁殖力強そうなのに、うーん」と悶えていると、したり顔の婆は曲がった腰を少し伸ばして姿勢を正した。

昔むかし、山熊田を流れる川には鮭が遡上した。ある日、山奥に入った数人の村人が、珍しくたくさんの鮭を淵に見つけた。捕ったはいいが、運ぶための道具を何も持っていない。そこで、近くにあった椿の枝葉で袋状に鮭を包み、藤の蔓で括って一人の男だけに担がせた。彼は理不尽な重労働の不満を、「藤と椿さえ生えていなかったら、こんな目に遭わなかったのに」と嘆き、それ以降、山熊田には藤と椿が生えなくなった。その男こそが実は山の神の化身だった、という。

藤や椿からすればとんだトバッチリだが、なんだかありそうな話で妙に納得してしまった。不満の矛先を同行の村人たちではなく木々に向けるところが、山熊田の人特有の感覚に思える。冬には陸の孤島になるほどのこの小さな村でいさかいを極力避けたい気持ちは、今の私にはわかる。何より話の落ちが「山の神」だ。日本書紀や古事記のロマンチシズムさながら、今の村の景色がまた違った世界観で感じ取れることにワクワクしてしまう。その時にシナノキの枝葉で鮭を包まないでいてくれて助かったね、と婆たちと笑った。

秋

機織り工房に戻り、昔話のおもしろさを思い返しながら機織りをしていた夕暮れ時、工房の窓から、夫が慌てて家に入る姿が見えた。何か変だな、と私も急いで家に戻ると、山へ向かう準備をしている。こんな時間に何事かと尋ねると、山へ一人で向かった近所の爺やが戻らないから捜索に出るという。一分一秒が惜しいと言わんばかりに、ヘッドライト、懐中電灯、軽食や水、トランシーバーなどを乱暴にリュックサックに放り込み、スパイク付きの足袋で駆け出した。私も後を追う。村の入り口で現役世代の村の男衆が集まっていて、全員揃うとすぐさま山へと向かっていった。落ち着かずウロウロしていると、そこへ今度は村の爺や婆が集まりだした。情報共有しつつも心配で家に戻る気にはやっぱりなれず、婆たちはただひたすら無事を祈り、爺たちは「人に迷惑かけて、馬鹿なことを」と心配を通り越して怒っている。

戻らない爺やは朝から車で自分の山まで行き、日暮れになっても車は置き去りのまま。

毎年同じ木に出る舞茸を採りに行ったのだろう。だとすると近場のはずで、戻らないのはおかしい。峰を越えて奥山まで行ってしまったか。最大の懸念は彼の病弱さで、このところ心臓がとても悪く、たびたび入院するような具合だった。皆の不安はおのずと「体調急変で死んでいないか」となっていた。

実は、こういう事態は今までしばしばあった。遭難して捜索され、生還を三度ほどやってのけた筋金入りの山大好き名物爺やが昔いた。今回みんなで男衆の帰りを待ちながら、その思い出話をした。山菜が芽吹く頃、寝たきりに近かったはずの爺やの体はシャキッと伸び、ゆっくり山へと歩き出すのだった。その姿を見かけるたびに、「今年もあの爺や、春の山パワーと通電したんだなあ」と微笑ましく思っていた。今回の爺やも、舞茸の魅力に我慢できなかったのだろう。そこにご馳走がある、とわかっていればなおさら、指をくわえているだけなんて酷な話なのかもしれない。爺や世代のマタギは、熊が捕れるまで山から帰らない「泊まり山」をしてきた人たちで、一週間も雪山で野宿しながら熊を狩るほど、山は庭だった。そんな超人だからこそだろう。若かったあの頃と同じ身体能力ではない、ということを忘れてしまうくらい山の魅力は凄まじく、恵みを得るおもしろさが蘇るのは当然のことだ。わかるけれど、けれど、命にかかわり、こうも大騒ぎになると話は別だ、という心境もあり、不安な時間を埋めるように話は続く。

しばらくして、無事発見して戻ると私の携帯電話に一報が届いた。しかしその爺や、下山しても大勢に迎えられるのを嫌がり車に乗りたがらないとのことで、私たちはひとまず安堵してそれぞれの家に散った。爺やはなぜ、大勢で待っているのを知っていたんだろう、と不思議に思ったけれど、この村の人々は、今までずっとそうしてきたかららしかった。昔からよくあることだったのか。

「あの爺や、家に帰ってから、しこたま家族に怒られただろうか」と家で話していると、母ちゃんが「昔に植えた、あの家の横の椿が悪いんでねえかなあ」と、ポツリと言った。でた！　ロマンチック解決法だ。でたらめな理屈なのに、平和的な落とし所へ導く荒技。今回、何事もなくて本当に良かったけれど、さすがに椿には少し同情してしまった。

山から無事に戻ってほしい、と村の入り口に
集まってきた村人たち

悪い顔にさせる舞茸

朝露が乾くのを待って、稲刈りを始める。稲刈りは天気だけでなく、刈った籾《もみ》の乾燥脱穀所の順番待ちや、山熊田で稲作をする他の家との兼ね合いがあって、勝手にはスケジューリングできない。その日は我が家の番だった。しかし同世代の仲間が早朝からまとまって舞茸狩りに行ったのが羨ましいのか、夫はソワソワしていた。手伝いに来てくれる稲刈り助っ人の皆さんの分も合わせて、お昼ごはんや休憩のおやつや飲み物の支度、稲刈りが終了した夜のねぎらい宴会の仕込みでバタバタしている私を尻目に、夫の我慢は限界に達したようで、「ちょっとそこの山行ってくる、すぐ戻る」と出かけてしまった。「そこ」ってどこだ。そして、なかなか帰ってこない。どうせコンバインに乗るのも私だし、仕方ない、刈り始めるか、と皆を連れて田んぼへ向かおうとすると、目玉をまんまるに見開いた夫が戻った。「のっこり舞茸出った！」と耳打ちする。

天然舞茸は確かにすごくうまい。しかし私は山で舞茸獲得を経験したことがない。舞うほど喜ぶ興奮がわからないし、山で得られる喜びやおもしろさをまだ知らない。そういう虚しさをずっと抱えていた。諦めきれず、きのこ狩りなどへの同行を夫に懇願しているが、返事は決まって「足手まといだし面倒」と言わんばかりの沈黙だ。一年で最も忙しいような日に抜け出してしまうほどの性に、私への思いやりを期待するのは諦めた。

山間の田んぼは四角ではない。限られた平地で収量を少しでも増やすため、田んぼはいびつな形になる。そんな作業効率の悪い三反ばかりの我が家の稲刈りは、棒やブロアーを使って朝露払いをすることから始まり、コンバインがターンするところや畦《あぜ》ギリギリのところでは稲を手刈りする。数年前までわが家で使っていたコンバインは型が古く、袋に詰められた籾を軽トラックまで人力で運ぶスタイルだった。いよいよ壊れて中古のコンバインを購入すると、軽トラの荷台に取り付けたコンテナに直接流し積めるようになり、だいぶ楽になった。最先端の農機はどれほど便利だろうかと羨ましいけれど、小さな耕作地への費用対効果や変形圃場を考えると、この機能で十分だ。文明の利器、ありがたい。

秋

昼ごはんはみんなで田んぼで食べる。この村では、おにぎりと焼き鮭、ゆで卵に漬物、といったところがメニューになりがちだけれど、朝から私一人で七、八人前の弁当をこしらえるのはキツい。私自身も稲刈りをする身だし、宴会料理の準備もあるし、昼ごはんの負荷を軽くできないかと考えて、熊カレーライスにすることが我が家の定番になってきた。炊飯器丸ごと、熊カレー鍋、らっきょうや漬物、ゆで卵、そして皿を持っていくスタイル。これなら前の日に仕込みができるのだ。

稲刈りが無事終わり、コンバインのエンジンの振動が体から抜けないうちに、ホッとする暇もなく、次は宴会の準備をしなくては。私もねぎらってもらいたいのにフェアじゃないな、と胸の内で愚痴をこぼしながら、泥だらけの長靴を外の水場で洗っていると、母ちゃんがヒソヒソと「テゴ（採集物を入れるカゴ、袋）持っていってやんねばねえんでねか？」と耳打ちする。あ、舞茸のことか。すっかり忘れてた。夫に採ってこさせろ、ということですね。舞茸が出るポイントは、誰にも知られてはならない。親から子にだけありかを教えるほどの秘密情報なのだ。両親ともニヤリと悪だくみをする顔になっている。その密かな興奮を、私だけが知らない。なんだか蚊帳の外みたいな寂しい気持ちになりそうだったから、ただ淡々と準備を始めた。
洗って濡れた長靴のまま、必要そうな道具を車に積み、目立たぬよう村の入り口で夫を待った。刈った籾を八キロ先の隣の集落にある乾燥脱穀所へ運搬していて、そろそろ村に戻るはず。無事に合流して道具を渡し、私は宴会料理作りに戻ろうとした。「なもあべ（お前も一緒に行こう）」「そんなわけいかねろ、ごっつぉ作らねばね」「関係ね、あべ。片道五分だ」「うそでしょ?」と半ば強引に決まった。この村の時間感覚の表現は、五分＝三十分、一時（いっとき）＝半日だ。自分の首が絞まるのが目に見えている。

車で近場まで向かい、沢を歩き、川をザブザブ越え、藪を進む。「うは、『インディ・ジョーンズ』みたい！」と、わずかにはしゃいだ途端、「ばか、静かにすねか！」と小声でしかられたが、その顔はニヤリ悪だくみのあの顔だ。あらやだ、楽しい。山への入り口付近は少しの間、絶壁を登らなくてはならないのだけれど、そこからは傾斜四十度ほどになっている。当然、道はなく、生えている若木や枝をつかみ、斜面をジグザグに登る。息が上がってきた。叫びたいのを我慢して振り返るといい見晴らしになっていて、結構上まで登ってきたのがわかった。

さらにしばらくすると、夫が立ち止まり指を差す。その先にはナラの大木がそびえていた。立派だ。おのずと天を仰いでしまう。これがうちの爺やが通ってきた木なのか。近づくにつれ舞茸の香りが濃くなる。大きなナラの根本には、でかい舞茸が群れていた。五、六株はあるか。孔雀のように堂々としたたたずまいと、空気を塊に感じるほど強烈な香り。夫は例の顔と声量で「こんなに出るのは滅多にねえ。俺も初めてだ」と自慢げだ。「採れっちゃ、いや待て」と小枝で舞茸の根元をまさぐる。マムシが潜んでいることがあるそうだ。マムシ特有の匂いがあるらしいけれど、舞茸の芳香でわからない。

株を丸ごと採ろうと、両手の指を開いて根本に突っ込んで、ボコリと持ち上げる。重い。わずかによろめいただけで踏ん張る足がずり落ち、肘を斜面に差して止まった。焦った、舞茸は無事だ。平静を取り戻すべく、あっちの方が集落かな、と目線を上げると遠くに道が見える。獣や鳥たちはこうして私たちを見ているのか。近くて遠い別世界にいる。

採るのはあっという間で、その後、舞茸のあった痕跡や小さな欠片を落ち葉で埋め隠す。ただ他者に秘密の場所がバレないようにするための対策らしいけれど、こういう些細な手間が案外、今後の舞茸の発育に繋がっている気がする。

ずしりと大きなテゴを一人一袋ずつ肩に掛け、もう片方の手で枝葉をつかみながら、今度はまっすぐに下りていく。帰り道は速いし足取りも軽い。肩は重いが良い匂い。

片道五分＝三十分の仮説どおり、きっかり一時間後に家へ戻った。宴会準備を抜け出したことで母ちゃんの小言を覚悟していたが、「よく採ってきた」と大歓迎され、嬉しさが爆発した。「凄かった！　あれは舞うわ！」「だろ！」と満面の笑み。彼女と「しめしめ」と言わんばかりの悪い顔でにやけ合い、誰にも悟られまいとするように、テゴを新聞紙で覆った。何でも分け合うのが村の習わしだと思っていたけれど、舞茸だけは別なのか？と思いきや、余剰分は近所に分けたり、舞茸汁にして振る舞ったりする。新聞紙は、ただ乾燥を防ぐためだったらしい。極秘のボーダーラインがいまいちわからない。

おかげで、ねぎらいの宴会には採れたての舞茸の天ぷらに舞茸汁が加わって、一気に豪勢になった。準備が滞ったせいで調理と同時進行で宴会になったわけだけど、揚がったそばから熱々の天ぷらを提供できるし、助っ人のみんなもうまそうに食べている。よかった。最高だ。憧れていた舞うほどのウキウキ体験の共感が、やっとできた。やっとみんなの仲間に入れた。山で出会った舞茸の立派なたたずまい、驚きの芳香、ご褒美タイムのインパクトが強すぎて、記憶がずっと生々しい。指を差し込んだ時のひんやり感も、重量感も、手がまだしっかり覚えている。

疲れと充足感、稲刈りが終わった安心感に満ちた宵もたけなわ、夫と爺やが静かに言葉を交わす。「あんなに出てなあ。あの木も終わる（枯れる）んかのう」「んだの」。そうか、そういうものなのか。いのちの最期が表出した刹那なのだな。来年、あのナラの大木は元気だろうか。

雪が降る前に改修工事だ

秋が深まり忙殺されている。山焼きの赤カブ収穫や甘酢漬けの仕込みをはじめとした保存食を作りまくる。トタンやポリカーボネートの波板で家の一階部分をぐるりと囲わなければ、これから始まる積雪の重みで、壁や柱、窓がやられてしまう。車は冬タイヤに履き替え、一冬分の薪を家の中や囲いの内側に積む。そんな冬への備えが最盛期になる十一月十五日、猟期が始まる。狩猟が男たちにとって生き甲斐に近いのはわかる。だが、休日の方が忙しい山暮らしで、さらにこれほど力仕事が増える多忙な時期に夫が不在になるせいで、私は大工仕事のために脚立に上り、家と工房の二軒分に雪囲いをしなければならない。しな布作りに必要で伸ばしている指の爪は毎年、薪運びで確実に割れるから、この時期は仕方なく短く切ることにしている。生きるための仕事に追われるのが晩秋だ。

秋

二〇二二年の秋はいつもよりさらに手いっぱいだった。絶滅危惧文化である羽越《うえつ》しな布《ふ》の継承者を育成する教室を、地元の人を対象に春から始めたのだ。それと並行して、伝統継承を目的とした移住者の受け入れ体制を村上市と整えてきたからだった。

今まで地域起こし協力隊を数度導入し、村内にある企業組合が受け入れ先だったのだが、ことごとく失敗に至った。協力隊を「タダで使える人材」としか見ない支配人の考え方は、人生を懸けて来てくれた若者たちに早々に察知された。補助金の切れ目が縁の切れ目という未来の見えない状況に、一年やそこらで見切りをつけて皆去ったのだった。研修期間後も共に働くことが最大の目的のはずなのに、驚くことに、受け入れ側にそういう考え方の人は極めて少ないようだった。実は他の伝統工芸の産地や地域でも似たような失敗例が多く見受けられる。一年で去る人たちが続出したこの村の企業組合では、「実にならない」と居直ったかのように受け入れ自体をやめてしまった。

そこで、そんな二の舞を演じないよう、孤独感を抱くことなく苦楽を共有できるよう、私の個人工房での受け入れを提案したのだった。伝統工芸に注力したい、しかも危機的状況のしな布生産の現場にテコ入れしたい村上市が賛同し、秋の市議会で決議され、現在の準備に至っている。

生活必需品、技術習得や発展に必要な物品のリストアップや予算案などもそうだが、一番の難題は住まいの手配だ。ここ山熊田では、村を出る時には家を解体することが習わしだ。残された親戚が空き家の管理をするにも、豪雪期に何度も雪下ろしをしなければ、たちまち家は壊れ始める。高齢化は容赦なく進んでいる。「利用者がいないのなら、迷惑の源を絶ってから村を出る」というのが古くからの礼儀のようで、だから空き家が圧倒的に少ないのだ。

今までの協力隊は他集落に住まい、山熊田に通っていた。暮らしも仕事も村に閉じこもるような仕組みでは息が詰まってしまうのでは、という市側の配慮だった。結局、それだと村の若い衆が仕事から帰ってくるのと入れ違いになり、住民との気楽な交流は全くできなかった。爺や婆たちはいるものの、難易度最高レベルの方言が歩み寄れない一因になったようだ。新人の顔を知る機会さえないままいつの間にか去っている、なんてことも少なくなく、通うスタイルは失敗を招く大きな要因だと私は感じていた。

村の中でどこか住める場所はないか……。村にある市所有の簡易宿泊施設を一室借り上げる策に、私も市職員も村の住民も「すぐ住めるところはそこしかないな」という見解だったし、いい案だった。しかし、雪に埋まる冬季以外の季節運営、という独特な営業形態だったため、通年利用しようとすると条例を変える必要があるそうで、議会が終わった今、来年度からの利用には間に合わないと秋に判明し、説明がされた。後手後手だ。村の住民たちとも相談したが、間貸しは心身ともにお互いの負担が大きい。村に唯一残る空き家も水回りの修繕が必須で、入居者や高齢の管理人が高額を負担するなんて非現実的だ。うわあ、詰んだか。

そこで、私の工房しかないな、と思い至った。工房は一階しか使っていない。普段はほぼ使わない台所は、かつての住人がボヤを起こした跡がそのままできれいとは言いがたいが、水さえ得られれば機は織れる。水道はギリギリ生きていた。風呂場も壊れていたが母屋にあるので必要ない。私一人が使うには十分だが、ここに人が住むとなったらツッコミどころが満載で、水回りの改修どころの話ではない。だが、今動かなくては先に進めない。腹を決めなければ。

「そもそも、羽越しな布の伝統を守りたいけれど、私一人が残ったところで存続していくには無理がある。協力隊の受け入れをきっかけに移住者が一人でも増えたら、高齢化の一途をたどるこの村も変わるかもしれない。良い未来にしたいと思うなら、この改修にかかる銭は生きた投資だ」と家族に説明すると、理解してくれた。工房の元管理人にも改装の伺いを立てると、願ってもない最高なことだと快諾をいただけた。すぐ地元の建築士に相談し、工房建屋の計測製図と見積もりを猛スピードでやってもらった。雪の降る前が勝負時で、とにかく時間がなかったからだ。見積もりを見た瞬間、一気に血の気が引いたけれど、家族への説得を思い返して躊躇を打ち消す。少しでも痛手が軽くなればと補助金を探したり役場に相談したりしたが、今回のケースに該当する制度はなく、そうしているうちに霜が降り始めた。

建築士と共に大工さんや電気屋さんが現場での打ち合わせに来る。以前、私が一階の機織り場の改修を自力でやった際には、稼働するまで三ヶ月もかかってしまった。しかしプロの仕事のスピードは猛烈で、降雪までには外壁など屋外作業に目処をつけたいプレッシャーはあるにしても、凄まじく、頼もしいものだった。プロってプロなんだなあ。まだ山熊田では雪が残っているだろう四月からの受け入れとなれば、工事は今やるしかない。完成予想図を見ると、古くなって不具合だらけの我が家よりも、格段に素敵な快適空間だった。「複雑な気分だなあ」とお互い苦く笑って酒を酌み交わせる夫で良かった。

隙間風どころか、吹雪の日など窓の隙間から雪がファサーッと入ってくるような寝室で布団にくるまりながら、本当に馬鹿だな、と自分でも思うけれど、馬鹿で良かったな、とも思う。金銭的にも将来的にも、日々の生活にさえ苦労する可能性が高い「限界集落」といわれる村に嫁いだことへの引き換えに、自分たちで道を切り開いて、人生を鮮やかにおもしろくできる将来は限りなく広がっている気がする。移住先を検討するために山熊田を訪問する若者は今年もちらほらいて、そんな相談があると、標準語が話せるからなのか、移住者だからか、なぜか決まって案内役は私に回ってくる。住宅事情もそうだけれど、村の皆で協働することや住民同士の距離感の近さに抵抗がある人だったり、田舎への牧歌的な憧れが先立っていたりする人には向かないかも、などネガティブ因子になりうる点も織り交ぜて話すようにしている。失敗例をたくさん見てきたからだ。もちろん、それを差し引いてもおもしろい暮らしだと私は思うので住んでいるが、とも伝える。困難は一つずつ乗り越えていく。それすらおもしろがろうとするメンタリティが、肝心要になる気がする。予想もつかない、おもしろい未来をつくれたらいいな。まだ見ぬ仲間と一緒に。

ものづくりとコミュニケーション

私は高校までソフトテニス漬けで、軍隊のような部活中心の生活だったのだが、高校卒業後の進路を検討するなかで意識を急転回させた。私は勝ち負けより、相手とのコミュニケーションを楽しめる「ラリー」が好きだった。だがこのまま部活を続ければ、自分の価値基準が勝敗に偏るのではないかと懸念した。その一方、幼い頃から物を作るのは好きだった。そういう道に進むのもいいなと考え、私は美大を受験することにしたのだ。美術といえば油絵か、という程度に、ひどく無知なまま美術予備校に通った。私はデッサンなど二次元化が苦手らしく、三次元に強かった。そんな自覚が生まれた頃、工芸の「用の美」の考え方を知った。美しい上に、暮らしの中で使って活きる物を創れるなんて一石二鳥だし、何だか妙にときめいて、受験直前に工芸専攻に転向した。

秋

一浪して、遠く離れた山形の東北芸術工科大学に合格。学ぶにつれ、工芸に限らず、人がつくるものとは「言葉」なのだと理解し始めた。テニスのラリーも会話のようだった。陶芸、漆、金属工芸の実習後、その中から鍛金《たんきん》を選んで専門的に学びだし、右手はラケットの代わりに金槌を握る日々になった。技術習得では溶接したり真っ赤な鉄を打ったりするのだが、このとき目の前で派手に火花が散る。そのさまが非現実的でとにかく美しく、すっかりとりこになった。つくるものは言葉だ、と考えていたけれど、学びが進むうちに段々と歯がゆさを覚えていく。自分が未熟なこともあり、工芸という手段で一つの想いを伝えるには数ヶ月かかってしまうからだった。

また、工芸を含むアカデミックな芸術の公募団体の独特な体質にどうも関心が持てず、今後も続けていく方法を考えあぐねていた。そんななか、大学所在地の山形の県美展に出品してくれないか、と地元の絵描きのおじさんに強く口説かれて、まあいいかと応じたことがあった。彼の依頼は、コミュニケーションを視覚化できるような装置の一部で、鉄鍛造製のまっすぐ前を見て立つ裸像だ。語学力と同義の「技術」面で私は腕を上げていて、言いたいことが割合スムーズに表せるようになっていた。自立するが、万一の事故に繋がらないよう、補助的な土台もこしらえた。鉄鍛造は丈夫なので、後ろから像の両腕をつかんでドシンドシンと二足歩行させて彫刻展示室に搬入した。彫刻作品で一般的な素材である鋳物や石膏、テラコッタなどではまずあり得ず、かなり異様だったようで、「女一人で持てる重さであるはずがない」「そんな雑に扱ったら割れてしまうぞ」など、他の出品者が集まってきてイロモノっぽくおもしろがられた。審査日になり、審査員は粘土原型の鋳物作品だと思い込み、鍛造だと伝えても信じてくれなかったそうだ。誘ってくれた絵描きのおじさんはひどく悔しがっていたけれど、あれが彫刻作品と見なされたならポーズのドラマチックさはないし、そもそも畑違いの感もあるし、技術の披露でもないのだから、まあそういう結果になりますよね、となだめる。ただ、審査会に立ち会った人たちの話を後で聞くと、会話や価値観が審査員と最後まで噛み合わなかったらしく、漫才みたいに滑稽で、かえって印象深い出来事となった。

やがて私は、よりスムーズな会話を求めて、素材や媒体に固執しなくてもいい、自由な表現の匂いがプンプンする現代アートの世界へ進んでいった。ギャラリーや美術館でなくとも、道でも紙面でも公園でも、どこでも表現の場にできる。現代アートという自由なツールはコミュニケーションを円滑にしてくれて、制作活動にも大きな変化が現れた。問題を抱える「場」や「環境」に中長期的に関わって、表現活動によってそれらが好転していく現象を起こすことに、私は夢中になっていった。

でもまさか、この歳になって工芸系の公募展に挑戦するとは思ってもみなかった。動機は単純で、樹皮を剝いで織る「しな布」の文化の保持、もっと言えば村の存続を目指す悪あがきの一環だ。今までと同様、アート活動に向かう姿勢となんら変わりない。しかし土俵は工芸だ。工芸を学んだとはいえ、門外漢の染織分野に挑む。これが想像以上におもしろかったのだ。

日本民藝館展――新作工藝公募展――。開催場所は、民芸運動が結晶化したような場であるらしい。恥ずかしながら私は、工芸を学んでいたあの頃、民芸は工芸ではなく雑貨だと、まるで格下のように考えていた気がする。

以前、NHK特集「遠野物語をゆく」を見た時、土着特有の宗教観や、時代錯誤な暮らしぶりへの衝撃と、その音楽のおどろおどろしさや映像の薄暗さが、どこか他人が触れてはならないタブーをはらんでいるようで、恐ろしく奇怪に感じた。民芸に対しても、なんとなく同じような印象を持っていた。今思えば遠野の景色は、私が住んでいる山熊田のありさまと、現在でさえそれほど大差はないし、私が織る布は先祖代々続いてきた村の伝統工芸だ。そして確かに民芸でもある。ただ単に、しな布を知ってもらう機会になれば幸いだと考えて、日本民藝館展に応募することにした。そして、典型的な生成りの無地や、遊びや色気を加えた帯地などを出品し、入選、準入選の審査結果をいただいた。

催しのタイトルにある、民藝、新作、工藝、という単語の並びから、やはり、工芸と民芸の違いはあまり重要ではなくなっているのかな、とは感じた。私にとって重要なのは、興味を持ってくれそうな多くの方々の目に触れることだったけれど、出品や結果を見る中で、意外におもしろいなと思ったことがあった。それは、私が最もおもしろくないと感じた作品が、最も高評価だったことだ。山とものの間にいる人間の、新たな工夫や表現欲がほとんどない、超シンプルなもの。日本民藝館展は、展示公開前に審査員の講評を出品者が直接聞ける機会を設けてくれている。織りの丁寧さ美しさなど技術面だけでなく、素材自体の長所や用途の可能性など、細やかな所見を頂戴した。そのあと、ぽつりと審査員の先生がおっしゃった。「この公募展では、これ（超シンプルなもの）が良いということになるわけだれど……」。おお、なるほど、それが民芸か。

講評会での先生とのやりとりの中で、山で木の皮を剝ぐところから作っていると伝えると、古来の方法どおりで制作を継いでいる人がまだいたことに驚かれていた。しな布はもう終わったものだと思っていたそうで、それだけでも出品して東京まで来た甲斐があった。さらに他の作家や作品の講評や落選理由なども聞くことができて、ものすごく勉強になった。

「良いものとは何か」を村の婆たちと話せば、四十年以上前の呉服問屋が求めた価値基準がそのまま居座っている。自分が思う「良いもの」とは何か、を突き詰めて考えてこなかったし、する必要もない仕組みの中にずっといた。今もいる。そこに私は、疑問ともったいなさをずっと抱いてきたし、磨き合える仲間もいなかったから、この機会はとても刺激的だった。世の中にはこんなにものづくりを楽しみ、勤《いそ》しむ人々がいて、ここにいる全員が学びに貪欲だ。それに民芸と工芸の距離や考え方が、時代に応じて緩やかに変化している感触もあった。生きもののような展覧会なのだなあと、妙に感激した。

ちょうど同時期、国立近代美術館で「民藝の100年」展が開催されていた。民芸とは何かを誤解なく学ぶにはうってつけだと、後日赴いた。私は、何らかの誤解をしているだろう自覚があった。

展示は素晴らしかった。百年前に価値観を創造した人々の、尽力と熱が想像できる。柳《やなぎ》宗悦《むねよし》氏ら民芸運動を牽引した先人たちが、健気に生きる民衆の美しさを丸ごと慈しもうとしているようだった。その中で、日本民藝館の展示技術を解説するパネルに「…物が一番美しい姿で見られるやうに」展示棚を柳氏が設計した、とあった。その棚に今、私の織ったしな布が陳列されている。棚一つとっても、もはや九十九神《つくもがみ》になっていそうで、慈愛がものに乗り移って、ものづくりを続けている人々をずっと見守り続けている、そんな想像さえしてしまう。

実は、民芸運動が活発さを増していった頃、山熊田の民具や古道具たちは、それらを欲しがる呉服問屋によって根こそぎ持っていかれてしまった。売るでもなく差し上げた姿たちは、お世話になっている人の喜ぶ顔が見たいという心情だったそう。当の婆たちは満足しているかもしれないけれど、その話を聞いた時は「相手は商売人なのにな」と悲しくなって呟《つぶや》いた。「よほど儲けただろうな」と母ちゃんは言う。わかっていてもなお、何でもかんでも譲ってしまっていたのか、と思うとやるせない。

田舎側の立場から見た、利用と搾取をされてきた側面を、先んじて強烈に理解する機会があった私は、民芸運動そのものを斜に構えて捉える節があった。ただ、もちろんそれだけではなく、良い面や熱い想いだってちゃんとある人々が、心を伴って起こした運動なのだとわかったのが嬉しかった。それがフェアだったかどうかは置いておいて、互助関係ではあったはず。情報の往来も狭く乏しく、今より不便だった当時の暮らしを想像すると、こんな日本の田舎の隅まで来て、よくぞ村の良さを見つけてくれたものだ、という気持ちも自然と生じる。長い年月をかけて、日本各地、おのおのの暮らしの中で、必要で最善のものづくりをただ実直にやってきた人たちの手になる産物は、使われず標本になった途端、本懐から外れたただのモノになってしまう。けれど、いくらものが手元を離れようが、新たにつくることができるのが、そこに住まう実直な人の最大の強みだ。そう考えると、山熊田で生きる術を学ぶ日々は、自らを不屈の人にするための鍛錬のように思えてくる。

羽越しな布制作一つを見ても、もし民芸運動がなかったとしたら、きっと呉服問屋も目をつけなかっただろうし、とっくにこの伝統文化は滅びていたかもしれない。一つの想いを言うのに数ヶ月かかるのがじれったくて工芸を離れたのに、巡り巡って、今では丸一年かかる工芸制作に取り組んでいるおかしさはあるけれど、大きく変わったことがある。一つの想いを伝えるということではなく、今までしな布作りの歴史上に存在してきた全ての人の、饒舌で止まらないおしゃべりに、私も交ぜてもらっている、という新たな感覚が生まれていることだ。

秋

時代を経てもなお変わらず、しな布制作は続いている。その末席に私はいる

ヤマドリを食う

雪の気配がにじり寄る十一月十五日、狩猟期間が始まる。その日まで、遠くの射撃場へ何度も赴いては猟銃を調整して勘を取り戻したり、山道をゆっくりと軽トラで走っては草木の茂り方をチェックしたり、念入りに散弾銃の手入れをしたりと、ずっとソワソワしているのが山熊田の男たちだ。

いよいよ解禁となれば、ここの男たちは青春時代さながら意気揚々となる。一番の狙いのヤマドリを求め山へ入る。女からすれば、男たちをこれほど夢中にさせるヤマドリを羨ましく思ったりもする。撃たれるのは嫌だけど。初猟を祝う宴会はもちろん、お正月にもヤマドリは欠かせないのが山熊田。大義名分もしっかりある、重要な任務だ、と言わんばかりに解禁後の週末の予定はほぼ山だ。

ヤマドリを知らない方も多いだろう。キジに似た大きさとフォルムで、茶色と金色、白色が混じる、一見地味だが美しい羽根が全身を覆っている。雌雄ほぼ同じような色だけれど、オスは美しい節模様の長い尾羽と、目の周りの赤色が特徴。奥山に入り、道もないのに大きなバイクのエンジン音のようなドドドドドという音がすれば、怪奇現象でも幻聴でもなく、それはオスが翼を打ち鳴らすほろ打ちの音で、近くにいるしるしだ。

秋、夫はまるで癖のように、車内から辺りの景色をチェックするようになる。何に注目すれば、何がわかるのか、その一切がさっぱりわからないので尋ねると「モグラだ」と言う。地中にいるはずのモグラを目で探すとは不可解すぎる。「この草藪で、穴を探すのはさすがに難しくない?」「穴? 何言ってんだ?」。コントのような話の噛み合わなさの理由はすぐ明らかになった。地方あるある、固有名詞の地方名だ。あれがモグラだ、と夫が差す指の先には草むらがあった。山熊田で「モグラ」とは、「ミゾソバ」という、ピンクの小さな花を秋に咲かせる膝丈程度の高さの草のことなのだった。ヤマドリは秋、ミゾソバの群生地に居着くことが多いのだそうだ。あの花芽が美味しいのかな、それとも種かな。

法律でメスの狩猟は禁じられているので、オスだけを狙う。瞬時の判断は難しいんじゃないの？　と聞けば、習性が独特で、オスは威嚇のためにほろ打ちをするそうだ。あちゃー、自分の居場所を教えてしまっているぞと、ヤマドリに教えてあげたい。もし藪の中に隠れていても猟犬が吠えて追い立て、視界が開ける樹上にヤマドリを上げ、オスと確認してから撃つ、といったコンビプレーもある。ちなみに、うちにいた猟犬は、仕留めた後のヤマドリを我がものにするために一目散に取りに行き、近くの地面を掘って埋めて隠そうとし、それを夫が懸命に阻止する、という漫才コンビっぽさも持ち合わせていた。毎度毎度の土産話に爆笑したものだった。

話を戻すと、遠目にも最もわかりやすい特徴は、やはり立派な長い尾だ。オスに比べれば一目瞭然、メスの尾は断然短い。さらにメスは雛を守るために、おとりになって敵の前で負傷を装うようにジタバタと地面を転がるらしい。なんともいじらしい習性を持っている。雌雄の区別は難しくないようだ。

とある日など、オオタカがヤマドリを仕留めた矢先に夫が現場を通りかかってしまい、人間を警戒したタカがいったん飛び去った。「そのまま置いていっても良かったんだども、タカからもろうてきた」と、自然界の弱肉強食ぶりを実感するハプニングもあったりする。命を食って生きるのが私たち人間だと罪深い気持ちになりつつも、自然との共生だったり、こういう命の生々しいやりとりでさえも、時になんだかお伽話みたいで、本当に現代日本かな？　と思ったりする。でもやはり、無駄なくありがたくいただこうという感覚になれるのは、生前の勇ましくかわいらしい姿を知ったからだろう。道で幼鳥に出合えば、車を止めて横断を待ってしまうほど。一生懸命に藪に突っ込んでいくさまがかわいらしい。

その感覚は必然的に、あらゆる行いに影響する。捕ったヤマドリは内臓を取り出し、羽をむしるのだが、優しく丁寧にむしらなければ、黄色みを帯びた柔らかな脂肪と薄い皮膚はあっけなく破けてしまう。羽があるとはいえ、こんなにデリケートな表皮なのに深山でたくましく生きてきたのか、と関心してしまう。鳥にしては食べ応えのあるムチムチボディなんて、自然界でも格好の餌食にされそうなところをちゃんと生き延びているのは、食われないために本能を駆使しているからだ。あのほろ打ちも、ジタバタも、野生界では効果的なんだろうな。すごいなヤマドリは。黄金色に輝く羽の美しさだけでなく、体の部位ごとに適した羽毛の機能美にも惚れぼれしてしまう。ゴージャスな尾羽に至っては、根本の肉ごと切り取り、線対称になるよう扇状に開いて干したりする。それは飾りにするわけだけれど、堂々とした美しさを愛でつつ眺めるたびに、かわいい勇姿が脳裏に蘇る。尾羽の節の数が多いほど大物だから、マタギの男たちにとっては勲章ともいえるのかもしれないけれど、とにかく大事に取っておくのは昔から変わっていないらしい。ちなみに取り出した内臓や脚などは、手柄を立てた猟犬へのご褒美になる。

裸の丸鶏になったら、手羽と脚を胴から外し、骨から肉を切り離す。手羽元や手羽先の肉も同様だ。関節は大胆に逆側へ折って脱臼状態にし、関節の間にナイフを入れて切り離す。あばら骨からも削ぎ落としていくと、胸肉は本当にあの「胸肉」の形になった。あんまり上手にさばくと後で骨かじりの楽しみが薄れてしまうので、未熟な私の技術程度がちょうどいいのかもしれない。

骨は水から時間をかけて煮込み、出汁を取る。いい出汁が出たら、白菜やささがきした大根などを加えて、火が通ったらネギと味噌と肉を入れる。最後に骨を取り出して、それを「骨かじり」というもう一品にするのは、品数が一つ増える、主婦にとってはありがたい風習だ。頭やくびがそのまんまコロリと入っているから、おたまですくうとグロテスクなビジュアルが唐突に現れてハッとするけれど、だからなおさら骨にかじりつくと、命を食らうという実感が猛烈にわく。

あの黄色みを帯びた脂身も最高にうまい。それが最もよくわかる料理が、正月のお雑煮だろう。地域色がよく出ておもしろい日本の文化だけど、ここも例外ではない。


まず、お餅は当たり前のように各家でつく。年末に、田の神さま特大フィギュアを藁と餅で作って祀ったり、枝に餅玉をちりばめて団子柴という正月飾りにしたり、鏡餅にしたり。そして、元旦にお供えした鏡餅をお下がりにして切り、ヤマドリ汁に投入してお雑煮ができあがる。ヤマドリと千切りゴボウ、具材はそれだけのシンプルだが贅沢なお雑煮だ。何でもかんでも味噌をぶち込む山熊田では珍しく、この時だけは醤油ベースのすまし汁にする。家で造れる味噌ではなく、買わないと手に入らない醤油は貴重品だったのだろう。ちなみに、ヤマドリが捕れなかった年は、干しワラビや干し椎茸など自家製乾物がメインの、山のお出汁たっぷりのお雑煮になる。

どんなにうまいラーメンでもヤマドリのお雑煮には到底かなわないのではないか、と思うほど美味しくてありがたいご馳走だ。大人になった今でも、年末になればつい無意識に、お正月の童謡を口ずさんでしまうのもしかたない。

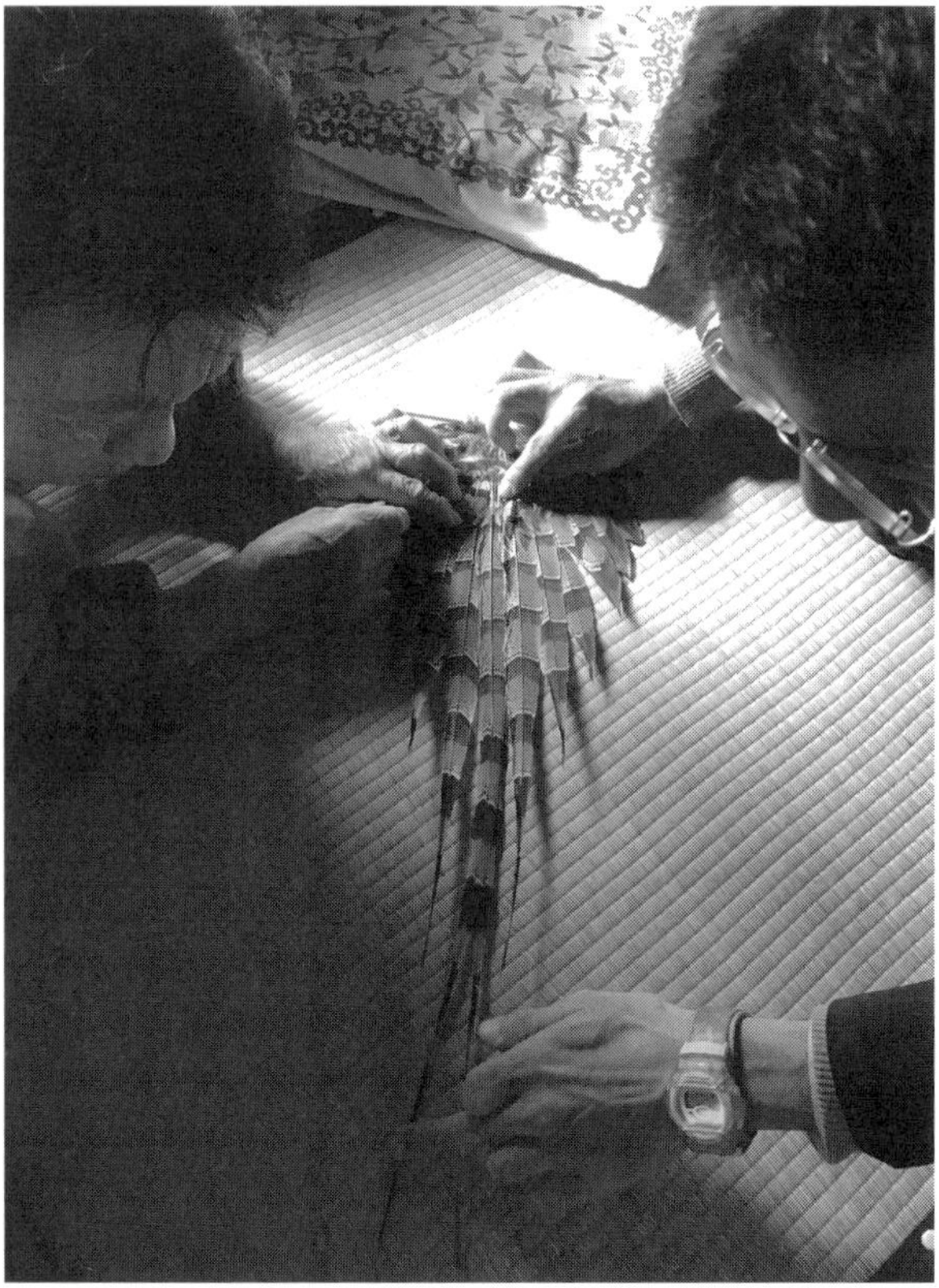

マタギ文化研究者、村上一馬氏と夫。「ヤマドリの尾羽模様が十三節あると妖怪らしい」

三章

冬

一冬続く、雪との攻防。
それでも盛り上がるのが
山熊田の冬

冬の仕事と時代の流れ

雪で人の活動が制限される冬。とはいえ昔と比べたら今の暮らしは随分便利になっている。母ちゃん（義母）たちから昔話を聞くたびに当時の活気を羨ましく思い、同時に嫁いだのが今の時代でよかったな、とも思う。

ここ山熊田《やまくまだ》に小中学校があった一九九二（平成四）年まで、集落から出るための道は除雪がされず、冬は陸の孤島になっていた。最寄りの村上高校分校まで二十キロの山道を、生徒たちは自転車やオフロードバイクで通い、冬場は学校の近くや路線バスが通る集落で下宿をしたそうだ。冬の休日には、子供らは親や村の人たちに依頼されて購入した食料や生活必需品を担ぎ、八キロ離れた一つ下の集落までバスで戻り、そこからかんじきを履いて歩いて帰省する。そんな過酷さも、彼らにとっては日常だった。女子は中学卒業とともに集団就職か定時制高校への進学を教諭に斡旋される。団塊の世代よりずっと後世なのに、夫の姉も岐阜の縫製工場に就職した。平成に入って少子化が進み、村にあった小中学校は閉校して、子供たちは山を下ったところにある小中学校へ通うようになる。バス通学だ。スクールバスの運行のために、県道が除雪されるようになると、暮らしは様変わりしていったのだった。

高度成長期以降、働き盛りの男衆は雪のない地域へ、林業や運送業、土木業などの出稼ぎに行ったのだが、それ以前の仕事は藁仕事や縄ないなど、家での手工芸だ。家族の一年分の草鞋《わらじ》や脛巾《はばき》（脛当て）、深履《ふかぐつ》（藁製の長靴）だけでなく、ガマの葉で蓑《みの》を作り、アケビ蔓《つる》やヤマブドウの樹皮などでバンドリ（荷を担ぐ際の背当て）やテゴ（採集物や作物を入れるカゴ）を炉端で作った。世の中には物が溢れつつあり、爺の手仕事も需要が減って細々と続ける程度になった。その役目は爺だけが担い、若い世代は冬季の下宿を整備した地元企業に勤めるようになった。男女問わず就労が可能になったのはやはり、スクールバスの運行をきっかけに、除雪車が村までの道を開通してくれるようになってからだ。それが平成初期であることに驚く。

地理的不便さもあり、冬の女性の貴重な仕事として「しな布《ふ》作り」は続けられた。時代の流れで民芸運動が盛んになったこともあり、山熊田のしな布と織り技術に米沢の呉服屋が目をつけて、村の女性たちはしな布だけでなく、あらゆる手織物の生産を請け負うようになった。

作ればなんでも売れた時代。母ちゃんの取引台帳を見ると実に種類に富んでいて、糸作りから織りまで様々だった。山菜のゼンマイの綿と真綿との混紡糸や、絹製の琴の弦をほぐしたものを糸にして反物を織る。「モシャモシャもやったの、カンナで巻いて糸とらんだ」と婆たちは楽しそうに言う。解説すると、呉服屋の親方が大量の端切れを村に持ち込み、それを婆たちが色分けしてほぐして、綿状にしたもの（モシャモシャ）を作る。それから細い糸（カンナ）で括るように絡めてファンシーヤーンのような表情の糸を作る。それを緯《よこ》糸《いと》にして織るとフワフワの分厚くて丈夫な布になる。現代でも通用するリサイクル精神に驚くが、なんでもやってのける婆たちの技量もまたすごい。それらとは別に、米沢の親方は、しな布も織れば織っただけ根こそぎ買い取っていった。

台帳には、その時代のお金の価値を鑑みても、ずいぶんとひどい低賃金で働かされたさまが記載されている。だけれど、それでも冬に仕事があることは彼女たちにとってはありがたく、婆同士は競い合ってにぎやかに機織りにいそしんだ。それに親方は、山では貴重な「娯楽」も提供してくれた。大変な冬の道中をがんばって来て、閉ざされた村を訪問してくれるだけで婆たちは大喜びし、ご馳走を準備して歌や踊りなどで最大限にもてなした。いっぽう親方は、運転免許も車も持たない彼女らを旅行に連れていったり米沢に招待したりと、気前よく接待してくれたそうだ。「親方、よほど儲けたろな」と言う婆たちの顔は朗らかで、彼女たちなりに謳歌したのがわかる。台帳に記されない心のエネルギー交換も大切な財産だったはずだけれど、あちらも商売。私としたら人がいいのを利用されてきたことに複雑な気持ちになってしまうが、本人がいいならいいや。

しな布の糸績《いとう》みは今でも大切な婆がたの仕事だけれど、近年は爺婆の内職として藁細工も請けている。年末にホームセンターで見かける正月飾りやしめ縄などの、あれだ。村のまとめ役はうちの母ちゃんで、爺たちにも仕事があれば張り合いが出るだろう、と話に乗った。おかげで誰もボケていない。新潟市からやってくる親方と村の爺婆たちは、我が家の作業小屋で交流や仕事話をする。米沢の親方にしたように、例の接待をしたいのだが料理が面倒であるらしい。「困ったなあ、明日親方来る。ジョンコ何かできねえか」と上目遣いでお願いされる。妙にかわいいので、毎度私が親方の昼食やお茶菓子を用意する。「ご馳走」にも世代間ギャップがあって、親方はそれも含めて来訪をおもしろがり、爺婆は親方の食べっぷりをおもしろがる。私もだんだん楽しくなってきた。

生活様式は劇的に変貌したけれど、昔を知る生き証人と暮らしていると、自由に車で往来できる私にはうっすらとしかわからなかった「人」へのありがたみを強く感じるし、私もそういう姿勢を忘れてはならないな、と思う。それにやはり、暮らしの土台にある爺婆たちの手仕事は覚えておきたいとも思う。しな布を織るだけでなく、糸素材の選別から、漏れた樹皮繊維を集めて揃え、細縄をなうこともやる。藁より扱いが面倒で手間もかかるし、手のひらの肉付きがいい私でも、糸が細ければ細いほど力が必要で難しい。けれど、山の恵みを無駄にしない優れた知恵だ。強くて丈夫で上品で、その縄を編めばバッグやカゴなどが作れる。しな縄さえ、六十代より若い人たちは、恐らく誰も作れない。世代の谷は埋められるのかわからないけれど、爺や婆に近づく努力は続けていこうと思う。

冬

しな布制作を続けるには、糸づくりができる
人材も必須。練習会を始めた

前向きな姿勢で雪を迎えるのは難しい

この辺りに降る雪は、思い切りが良すぎだ。日本海側に住まう人々にとっては、ドカ雪に滅入るのが「冬」なのだろう。とはいえ、海岸沿いは降雪量が少なく、山沿いは冗談じゃないくらいに積もるという特徴がある。そしてここは山。

からっ風の関東平野で育った私は、雪国の暮らしをいつだったかテレビで観て、その風情に猛烈な憧れを持った。二階の窓から土足で入る背徳行為への高揚に加え、屋根から特大滑り台も作れるじゃないか！ と、まるでアスレチックか何かだと思っていた。あの頃は無知ゆえだったけれど。〝雪＝遊び〟という感覚は持ち続けてもいいはずなのに、この暮らしの中で、いつの間にか捨て置いてしまった……。と自覚した私は考えた。犬ゾリを

冬

やろうと。我が家の猟犬によるツルツル雪上の散歩はかなり危険な様相だったが、力の限り引っ張り続ける彼の性格を生かせるし、私もかなり楽しめるのでは、という算段があった。太い縄で延長した手綱を私の腰に巻きつけ、子供用のソリに座り、「よし、あべ（行こう）」と言うと、犬は行かずに来た。彼は勢いそのままに私の顔面を舐め倒し、私たちは滑って転んで雪まみれのベロベロでボロボロ、無残な姿になった。ちなみに、この村の爺や婆は、犬に名前をつけるけれど名では呼ばず、「犬」と呼ぶことが多い。ペットらしさがまるでないのは、獣を撃つマタギ特有の距離感からなのか。

私の憧れが具現化したはずの、豪雪地帯、山熊田での生活。秋のうちにトタンで家をぐるりと雪囲いしなくてはならないのは、一階部分が雪で埋まるからだ。軒まで雪が積もったら、次にやらなきゃならないのは、軒先と雪塊との間を掘って空間を作る作業。これをしないと積雪によって凄まじい荷重がかかるうえ、この状態で凍結すると、地面から解ける雪につられて軒ごと持っていかれ、壊れてしまうからだ。それに、晴れ間が貴重な長い冬、窓から少しでも明かりを取り入れなければ気分まで真っ暗になる。その隙間に時々遊びに来るジョウビタキやヤマガラは、まるで気まぐれ天使で癒やし担当だ。軒先の隙間は私にとっても大切だ。

雪下ろしも想像と少し違って、家屋を守るため、家からできる限り遠くへ雪を放り投げる。それでもすぐ積もるし吹き溜まる。憧れていた二階の窓からの出入りは、やろうと思えばいつでもできるけれど、やらない。というのも、この村の二階部は天井が低く、もともと住居というより、蚕を育てたり、馬や羊の飼葉置き場、工芸資材や道具置き場に機織り部屋というような、納屋のような存在だった。その名残か、窓は小さく、出入りするには何かと不便なのだ。窓からの出入りは、雪下ろしのために屋根に上がる時だけ。玄関先も大変だ。玄関の扉の前に積もった雪を掘って雪上に放り上げ、削ったり踏み固めたりして雪の上に上る階段を作り、そこから水平に、かんじきで何度も雪を踏みつけて道とする。下り階段も作る。それを雪が降るたび、というかほぼ毎日やる。こう書くと、雪は簡単で便利な建築資材に思われるだろうが、踏み固めていない部分に足を着けば、股間まで一気にズボっとはまってびっくりする。下手をすると腰まで埋まる。這い上がり、雪の奥で脱げた長靴を救出するありさまは、庭先なのに遭難の疑似体験さながらだ。

車道も大変で、除雪車で寄せた雪が溜まり、幅が狭くなった圧雪の山道になる。だからなるべく運転したくなくて、結果的に買い出しする食料品は毎回大量になるのだけれど、その品々の家への運び込みはドッキドキの度胸試し。必ず雪にはまる。はまったら穴を埋めて踏み固めて、また別の箇所ではまる、を繰り返すから、ちょっとしたスポーツだ、と思わないとやってられない。気温が上がって雨になれば雪は緩んで滑って崩れ、それが夜に再びガチガチに凍るから、階段の維持に手を抜くと、階段の名残がある立派なツルツル氷の斜面ができあがる。ツルハシとは岩を砕く道具だと思っていたけど、氷対策にも便利だ。こんな攻防が一冬続く。遊ぶ余裕なんてない。

攻防といえば、鮭だ。ここは新潟北端の村上市、鮭が川を遡上する。秋に山で捕ったヤマドリや熊肉との交換で、河口付近で捕った鮭をたくさんいただく。それを塩引き鮭に加工して、尾を縛って二階の軒先にぶら下げ、冬の間の保存食にする。そうすると半生の状態を長く保てるのだけれど、浜辺とは降雪量が全く違う。こうも雪がどっさり降ると、新たな敵がやってくる。テンやイタチなどの野生肉食小獣だ。人が二階から出入り可能になるということは、彼らも簡単に行き来ができてしまう。うっかり鮭を家の中へしまい忘れると、鮭は頭からかじられ、みるみる短くなっていく。しんしんと静かな夜に鮭界隈だけが騒がしく、その音はもどかしい気持ちにさせる。テンたち、高血圧にならないのだろうか。

いくら昔からの風習だからって、みすみす食われるのは悔しい、と母ちゃんに冷凍庫保存を提案したけれど、なぜか反応はイマイチだった。しかしある朝、でかい鮭が丸ごと二尾、冷凍庫に突っ込まれ、「困った、入らねえし閉まらねえ」と母ちゃんがうろたえていた。うわあ斬新。なるほど返事が鈍かったわけだ。半生とはいえ硬く歪んだ身を三枚におろして切り身にし、冷凍庫へ。アラは酒粕と味噌で煮る。出刃包丁で手にマメを作りながら「うちの鮭はやらん」と野生動物相手に息巻くのも平和な証拠なのだな、と世の中のニュースを眺めて思う。

生きるための直接的な労働は、ほとんどが雪で強制終了になる。しかしその雪がまた曲者なのだ。ご先祖たちはこんな土地によく住み始めたものだ、と婆たちと笑い合い、「春には必ずいなくなっさげ不思議だのお」と、上手に気持ちをやりすごす。幻のようで、しかし強烈な存在感の雪は雪で、今を思いきり謳歌しているのだと強引に思うと健気にも見えてくるけれど、それにしても日本海側の雪は、本当に思い切りが良すぎだ。憧れ続けるって難しいものだな。からっ風の青空が恋しい。ないものねだりは人の性だな。

山の村にも鮭がくる

日本海から東へ、杉林や渓谷沿いの山道を行くと山熊田だ。冬の始まりに一気に大雪が降る年もあって、その杉がバッタバッタと折れて倒れ、車で往来する際はスコップだけでなくチェーンソーを積む人も現れる。木が倒れれば道沿いを走る電線も切れる。停電する日もあるけれど、薪ストーブとろうそくの明かりで、長い夜も案外いつもどおり。いや、薪をくべながらストーブの上で呑気に塩引き鮭をあぶり、酒を温めて、暗い夜だった頃の思い出話が盛り上がって、いつもよりお酒が進んでしまうので、停電は困ったものだ。

ここ村上市には、冬に欠かせない「塩引き鮭」という伝統食がある。食文化にとても深く根づいており、魚全般を意味する「イヨ」という言葉は、村上市では「鮭」だけを指すほどだ。寒風吹きすさぶ家々の軒先に鮭が何匹もぶら下がる光景はごく日常的だけれど、私にしてみればかなり不思議だ。買ったら結構な価格の貴重な品が、ぶらんぶらんと並ぶ。治安の良さがうかがえるものの、ここ山熊田ではテンやハクビシンなどの獣がこれを狙っていたりする。

しかしなぜ山奥でも鮭がぶら下がっているんだろう。ああ、ここまで遡るのかと越してきた当初は早合点しかけたけれど、こんな上流へ上ってきたものはうまくはなく、食さないらしい。人生を懸けた遡上で体力を消耗し、身は白けて締まりを失った鮭は、村では「豆腐」と揶揄される。それとは違い、ギラギラとした銀の鱗に紫色の婚姻色が映え、身はまだ赤く、イクラの皮もまだ柔らかい、どう見てもうまそうな鮭は、海や河口で捕れた証拠だ。それがある日突然、軽トラに載せられて箱いっぱいでやってくる。何度もやってくる。それを皆で分け、各家でさばいて塩を揉み込み、軒にぶら下がる。

山熊田の村の中を流れている渓流は、村上市の北部、旧山北町を流れる大川の源流だ。標高の高い山はないけれど山だらけのこの地域には小さな沢が無数にあって、それが全て川に集まってくる。とはいえ、「大川」というより「中川」の名の方が似合う水量だ。だから、大雨で増水して上りやすくなった時を見計らって、鮭は一気に遡上したがるそうだ。
大昔、河口付近の城主が、平家の落人が暮らす山熊田に攻め入った因縁から、彼らの末裔が山熊田に入ると大雨が降るという伝説がある。それを頼りに、今でも河口から山熊田の神社を参拝する漁師がいる。大川漁業の組合長も「案外効果が高いんだよ」と清酒の一升瓶を手にお宮様に奉納しに来る。業の深さとお伽話が混じり合って、非現実と現実が錯綜しながら堂々とまかり通っている日常も、平家のたたりを逆なでするという大胆不敵な発想も、おもしろい。

大川の河口では「コド漁」と呼ばれる、全国でも唯一の、一見原始的な漁法で鮭を捕る。まず、コドと呼ばれる舞台装置か、はたまた儀式の飾りのように見える「鮭の休憩所」を杉や笹竹などでこしらえて、捕りたいのがオスならメスを、逆もしかり、おとりにして繋いで泳がせる。ムラムラと本能に任せて近づいてきた鮭を、でかい鉤を先に付けた長い棒でコドから引っ掛ける。まるで美人局《つつもたせ》のようで痛ましいのだけれど、相手の習性を熟知した者の勝利だ。大川漁協では毎年採卵し、稚魚を育てて放流していて、十分な卵数が確保できて初めてイヨノコ（イクラ）が人間に回ってくる仕組みだ。

その採卵後のものや、大海を旅して大きく育ったお腹パンパンの鮭が、軽トラに載って山熊田にくる頃、マタギにはちょうど秋の味覚をたくさん食べて太ったヤマドリや鴨、時には秋熊も捕るような狩猟シーズンが訪れている。山肌の焼畑で育てた赤カブも、でっかい樽いっぱいの甘酢漬けに仕上がっている。それらがお裾分けの鮭へのお返しになる。

目を見張るのは、物々交換の規模だ。交流を持つ者同士や親戚同士で、山と海の恵みをお互い分かち合うのだが、箱いっぱいの鮭なんて、漁港でしか見たことがなかった。それを塩引き鮭に加工すれば冬じゅう美味しさを味わえて、貴重なタンパク源としても大いに助かる。そんなありがたい恵みを分けてくれるのだから、と夫も狩猟に力が入る。マタギの夫は、お金にするために命を取ることはしたがらない。しかし、いただき物のお返しにするためには、どこまでも山奥へ分け入る。この環境下での暮らしを助け合い、支え合う誰かのためでなければ、狩猟の動機にならないのだ。その商売気のなさを私は嘆かなければならないのかもしれないけれど、逆に、まっとうな山の民の在り方だな、と感心する。この村の人たちの、そういうところが好きだ。そして海の方に暮らす漁師たちも心の内は同じなのだろう。

鮭だけでなく、交換される海山の幸のバリエーションは豊かだ。海からは、ワカメやもずくなど海藻や、魚、貝類、それに景勝地笹川流れの海水を炊いた塩など。山からは、ジビエ肉、栃餅、山菜類、きのこ類、鮎や岩魚《いわな》、時には毛皮なんかもラインナップに加わる。実は、この山海規模の物々交換は、現代の状況に順応して変化している。山熊田も昔は人口が多かったので、よそへ分ける余裕や余剰分などなかったはずだし、そもそも海までの道が悪く往来は難しかった。海の鮮魚は今以上に、大変貴重で特別なご馳走だった。塩引き鮭は干した後ぶつ切りで焼けばいいわけだし、川に上るサクラマスもぶつ切りで汁物になる。母ちゃんが魚を三枚におろしてお刺身をこしらえる方法を知らないのも納得だ。

このような、お金が介在しない自然の恩恵のやりとりは、サスティナブルな視点からみれば、かなり最先端じゃないかと思う。それ以上に、自然と共にあり続けて恵みを得るため、山や海、川、おのおののポジションで、できる限りの整備や資源管理を、昔からずっと続けてこられたのがすごい。道路事情が良くなって交流が盛んになったとはいえ、海と山の豊かな資源が循環するようになった要因の一つが、余剰分を生む過疎化であるのは、少し複雑な気持ちになるんだけれど。

冬の早朝。煙突から煙が上りだすと、その家の誰かが目を覚ました印だ。六十年前、家の数はこの倍以上だった

熊巻き狩りの泊まり山

夜の山道で車を走らせると、しばしば野ウサギが先導してくれることがある。車のライトに驚いて逃げているだけなのだけれど、ヒョッコヒョッコとかわいらしくて、ついウサギが進むスピードに合わせて運転してしまう。例年は道路脇や雪原に「ムンクの叫び」みたいな足跡が縦横無尽にスタンプされているのを見る程度だけれど、二〇一九（令和元）年は気味が悪いほど雪がなかった。拍子抜けする茶色い景色の中で、しっかり生え替わった真っ白な冬毛は遠くからでもよく目立つから、すぐ見つけられる。ウサギにとって、この異常な気候は命取りだろうな。あるはずの雪がないと冬の実感も狂ってきて、あれほど滅入った銀白世界を、ウサギじゃなくても恋しくなったりする。

そうなると、爺やたちの現役時代に盛んだった「泊まり山」の体験談を思い出す。十数人ほどで熊を巻きに山に入り、捕れるまで意地でも帰らないのだ。昔は個体数が少なかったらしく、何日も野宿することはよくあったらしいけれど、そこは雪山。穴を掘ってビバークしていたのかと思えばそうではなくて、雪の上で火をおこし、体の片面しか温まらないまま、じっと雪の上でやり過ごす。かつては防水仕様の衣類や装備もなかったわけだから、終日雪山を歩き続けた全身は雪と汗で濡れている。氷点下、雪が降る夜もあった、と聞いただけでゾッとする。想像する風景の中で、唯一の救いである焚き火でさえファンタジーだ。あり得るのか。雪の上で火をおこす、一晩焚き続けるなんて、想像が全く追いつけない。

しかしその方法を聞いて、なるほどすごい！　と息をのんだ。

必要なものは、鉈《なた》、鋸《のこ》、乾いた松の棒切れ、マッチ。ライターは、寒く濡れがちな現場では信頼されていない。まず、鋸で直径五十センチほどの広葉樹を切り倒し、一定の長さに切り揃え、最も太い幹の部分を雪の上に横に並べて土台をつくる。大切な熾火《おきび》を雪に落とさないためだ。その上に小枝をわんさか盛る。さらにその上に太さ一、二寸（三〜六センチ）

の薪を載せていけば準備完了。持参した松を鉈で薄く削って中段の小枝に添えれば、着火材のできあがり。松だけでなく、杉の葉やトリキ（クロモジ）も油気が多く着火材として使えるので、その辺に都合よく落ちていたり生えていたりすればラッキーだ。火が安定してからは、大小様々な薪を足していく。

ここまでをなぞって素人が挑戦しても、まず火はおきない。生木はそう簡単には燃えてくれないのだ。最もやりがちなミスは、薪を並べる際に起きる。空気が通りやすいよう隙間を作ったり、キャンプファイヤーのように井桁に薪を組もうとするのは全くの素人考えで、生木の薪はみっちりと平行に隙間なく並べなくてはならない。じっくり蒸らし乾かしながら、長い時間をかけて育てるように火をおこす。これができて一人前の山男らしい。予定外の泊まり山になれば、大切な鉄砲の柄を削って焚きつけにしたそうだ。火をおこせなければ死ぬ。

道のどんづまりのこの村の、さらに山奥へ狩りに行くというのに、男たちはお金も持っていった。泊まり山が続くと持参した食料は底をつく。火を囲めば酒も欲しくなる。そういう時は山を越えて、山形県の大鳥鉱山の鉱夫長屋まで行き、酒や米など食料を分けてもらったそうだ。

飯ごうに米と雪を入れて炊き、酒を飲み、味噌をなめ、塩引き鮭をかじる。雪崩の危険性が低く、休めるような山の平では、熊が冬眠明けする四月でも三、四メートルほどの積雪が残る箇所もあるという。表層の雪を踏み固めて道や休憩場をつくるのだけれど、しょせん雪の上だ。柴を敷き、寝るに寝られないまま、背中の寒さをじっとこらえて蓑や毛皮にくるまり、朝を迎える頃になると、火ははるか穴の底だ。焚き火の熱は雪を解かし、沈む。土台がイカダのように、火を載せたままジリジリと下がっていくわけだ。穴に落ちたら超危険。そんな夜明かしが、長いと一週間も続くというのだから、底抜けの精神力と体力だ。ほとんど野生じゃないか。

でもやはり、ちゃんと休めないまま巻き狩りに出ると、予期せぬことも起こる。巻き狩りは、各自配置について熊を頂上や尾根付近まで大声で追い上げ、そこに待機していた鉄砲係「マチバ」が撃つ。簡単に言うとこんな流れなのだが、何せ全員寝不足で日々の疲労も繰り越されている。巨木が少なくまだ芽吹いていない山の上のマチバとは、晴れていれば日当たり抜群でポッカポカの、うたた寝絶好ポジションだ。うまい具合にマチバ正面まで熊を上げたはいいが、居眠りしていたマチバのすぐ横を熊が走り抜けて去っていき、もう一晩延長、みんなから大ブーイング、みたいなことはしばしばあったそうだ。どう考えても非効率なのでは、と思うけれど、今でも爺やたちが意気揚々にしゃべる昔の笑い話はめちゃくちゃおもしろくて、最高の酒の肴になっている。

仲間で行う伝統の狩りは、血が騒ぐような魅力があるらしいけれど、泊まり山までしたのは、貧しい村ならではの責任と重圧があるからだった。熊肉は山神が授けてくれる最高のご馳走だった。熊にまつわる一切を女人禁制にする掟は、こういった過酷な現場から女を遠ざけ守る意味も少なからずあったのだろうと、腑に落ちる。そのころ女性は女性で、姑《しゅうとめ》が糸撚《いとよ》りや管《くだ》巻きなどの仕込みや飯炊きなどで、織り以外をみっちりサポートし、嫁は機から降りられず、ただひたすら村の中で競うように「しな布」を織り続けなければならなかった。それでも男女とも、余裕のない状況下にあっても、美的感性や仕事のおもしろみをひねり出してくるのだから、生きることに手を抜かないこの村の人々は、私には人間国宝としか思えないのだ。

雪上で火を焚くには、薪を平行に並べることが肝心だ

正月様に来てほしい

高齢化社会と言われるようになって久しい。「山熊田は最先端じゃないかな?」と思うほど高齢化が進んでいて、高齢化率は六十パーセントを超えている。この村に暮らす爺婆たちに、買い物や送迎、家電修理や力仕事などで、直接頼られるのは日常のことだ。力になれるのは嬉しい。けれども、その子や孫たちに「爺婆を頼む」と言われると、私は少し複雑な気持ちになる。頼られれば当然自分の時間は削がれる。我が身のことだけを考えていられる「軽やかさ」を羨ましく思うからなのだろうけれど、それと引き換えに、私は伝統織物の「しな布」を作れるようになったし、苦労した分、自然からの恵みを得られたり、村の祭りや行事で皆と楽しい時間を共有できたりする。それがご褒美なんだろうな、と思う。

しかしそのご褒美が、高齢化によって脅かされている。

しな布作りに関しては、従事した時点で私以外の全員が高齢者だったから、課題の山積みに向から覚悟はできている。だが、とある年の正月は、まるで正月ではなかった。こんなことが今後頻発するのかと危機感を覚えたのだった。

というのも、私が嫁ぐずっと前に、村から引っ越していった一家の婆が昨年秋に亡くなり、越した先ではなく実家のある山熊田でお葬式をした。手伝いには近い親戚の女性が赴くのが慣例だが、皆高齢なので私が駆り出された。ほぼ知らない人の葬式への加勢を求められているのかと、背負ったものの重さを見誤っていたことに気づき、未来にやや滅入ったけれど、その余波もこたえたのだった。

「死＝穢《けが》れ」という考え方はここだけではないだろうが、山熊田では不幸があると、百箇日を過ぎるまでは親戚一同、神事を遠慮する慣習がある。コロナ禍で盆踊りや敬老会などの村のお楽しみ行事が中止になったところに、追い討ちをかける長期お弔い期間。この小さい村はほぼ親戚同士だから、正月の風情が皆無になったのだった。村のお宮さまや山の神への初詣は当然なし。しめ縄や魔除け札も作れない。家に祀られた神様たちへ家族総出でのご挨拶もなし。正月飾りも鏡餅もお雑煮も、雪国らしい不思議な七草粥もなし。

ちなみに余談だが、ここの七草とは、セリ、タラノキの冬芽、干し柿、乾燥豆、昆布、栗、そして米。お粥の具に、米。外は雪に埋もれきっているから仕方ないのだが、草らしさが乏しいこの冗談みたいな具材の面々も、七草の時しかやらない邪気払いの呪文を唱える儀式もない。好きなのにな、ユーラシア大陸を匂わす、あの謎の呪文の歌。まな板に七草の具材を並べ、包丁の背でまな板を木魚のように叩きながら、調理している風に見せかけて「センノミタタキ、タラノミタタキ、トウドウノトラ、イナカノトリノ、ワタラヌサキノ、センノミタタキ」と唱えてから、最後に包丁でトントントン、とリズムよく三つ打つ。夫は毎年歌詞を忘れていてコントみたいなやり取りが発生しておもしろいから、やりたかった。

七草は生きている人の無病息災を願うものだから関係ないんじゃないか、と問うと、お願いする先が神様だからダメらしい。そうかと思えば、年祝いや厄年を迎える人を祝う習わしは良し、村中の家々の仏壇への「水あげ」と呼ばれるご先祖巡りも良し。マタギたちの正月の酒盛り「的祝い《まといわ》」も良し。酒飲みのきっかけだけが良しとなるのは「唯一の娯楽だけは死守」という強い意志なのか。良し悪しの境界がいまいちわからない。

その年、母ちゃんは、この年越しは餅つきをしないと言いだした。神様にお供えさえしなければいいのでは、餅もない新年は寂しい、私がつくからと提案すると、四人家族とは思えない「餅米六升分こしらえろ」と、例年以上の、まさかの大量制作の指示がきた。完成と同時に明けても暮れても餅を食べ続ける爺婆たちによって、元旦にはすでに餅の四割と正月感が消えていた。すごく餅が好きなんだな。でも餅をつくのは面倒だったのだな。わかるなあ。

しかし、このおもしろい風習が尻すぼみになっていく傾向はまずい。お弔いはもちろん大切だ。だが住民四十人以下にまで縮小した今の村で、今までどおりにルールを守るのは無理があるだけでなく、生者の謳歌を萎縮させてしまっている。「親戚」の範囲が、高齢化率六割を超える住民だけでなく、村から出ていった高齢者も含むとなると、かなりの人数になり大打撃なのだ。田舎の寄り合いというのは、円滑なコミュニティ維持にはとても重要な役目を持つけれど、村中が喪中になるとこうなるのか。近隣集落では、百箇日の期間の長さが影響して村の行事が立ち行かなくなり、数年前から自粛する期間を三十日に短縮した。

山熊田でも同じ問題が起きている。慣習が神様と人をどんどん疎遠にさせ、自分たちの首を絞め始めた。面倒でも変化させないためにかかる負担はおのずと若手に偏って、今後も荷は重くなるばかりだろう。「何を大切にしたいのか」の根幹を確保しつつ、身の丈に応じて調整すべき時期になったと思う。喪に服し続けた結果、文化を失うことの方が痛手は大きいし、なんなら大往生の際には、人生完走祝いを派手にやってあげたい。生きている今こそが大事だ。昔に廃れた「ダシコ」と呼ばれるポットラックパーティーを復活させようか。元々そういう娯楽を自家生産する村だった。面倒でも楽しくやれる。私たちだって軽やかに生きていきたいんだ。餅だってしこたまつくぞ。

正月飾りと鏡餅。鏡餅は二段に重ねた大餅の
上に、小餅を三つ載せるスタイル

未知の獣、イノシシ　ここから

最近の私はグレ気味だ。雪の都合に振り回されているのもあるけれど、夫たちマタギが猟に出ている間、宿《やど》で頭領《とうりょう》を担うこの家の女は薪を焚き続け、男たちを待ち続けなければならない。日暮れ頃に戻った夫に「どうだった？」と聞けば、返ってくる苦笑い、とにかく空振りがずっと続いていた。それでも打ち上げの飲み会は毎度しっかりやる。いつ帰ってくるかわからないから、せっかくの休日なのに私は外出できないままだ。お店のラーメンとかタレカツ丼とか食べたい。解体や飲み会を行う「宿」という数年ごとの役回りも、今では請け合える家がほぼなくなり、作業小屋のある我が家が長らく引き受けたまま。凍えた体をひとまず速攻で温めるためのカップラーメンも男衆には必須アイテムらしく、そして山熊田ではカップラーメンの地位が高い。買わなきゃ手に入らないものは、貴重品扱いらしい。しかし、カップ麺を大量に買い出している最中に知り合いに会えば、私は我が家の食生活を心配されたりする。それに今年もそろそろ味噌を仕込まなくちゃならないな。味噌造りは宿の女の役目だそうで、熊汁には毎度バケツいっぱいの味噌がいる。以前住んでいた富山・氷見《ひみ》で、定置網の網元が味噌醤油屋も営む理由がよくわかった。「カブス汁」と呼ばれる朝捕れた魚の賄い汁にも味噌が必要で、熊汁もカブスも毎度毎度の消費量がえげつないのだ。買っていたら立派な散財案件だ。味噌だけじゃない。薪も野菜も消費が派手なうえ、つまみなんかも毎度こしらえて出す。女の裏方仕事が続いて、「ねら（あなたたち）、道楽で酒飲みてえだけでねえか！」と、私より先に母ちゃんが鬱憤をぶちまけてくれたので、私の噴火はお預けになった。

これにはわけがある。

数年前から、この辺りでイノシシとその痕跡が見られだした。生息範囲を北上させて、とうとうここにもやってきた。実はイノシシ、今までこの辺りに生息していなかった。習性がよくわからない。だから山熊田のマタギたちは四苦八苦しているのだ。前に住んでいた氷見辺りでは毎年一桁ずつ増えると聞いたけれど、この辺りは豪雪が邪魔してか、そこまでの速度では増加しないらしい。一般的にイノシシは箱罠か括り罠で捕るのが主流だけれど、マタギの精神にそぐわないからか、なんとか熊巻き狩りのように巻いて捕るんだ、と夫は息巻いて、山へ行って戻っては反省会。そんなイノシシ研究が二年も続いた。ネットやテレビを介した情報が溢れていても、肝心のイノシシの巻き狩りの情報は皆無だった。

痺れも切れ尽くした頃、巻き狩りでイノシシを捕る人たちが新潟県上越方面におられると知った。猟師たちは縄張り意識があるのでよそ者が入ることをおもしろく思わない、と聞き及んでいたのだけれど、夫が交渉し、ありがたいことに勉強させてもらえることになった。そうして夫らは週末のたび、縦に細長い新潟の北端から片道四時間かけて南下し、上越でイノシシ刈りを習得する生活が続いた。

見習い初日は、夫ともう一人、計二人が早朝というか夜中に山熊田を出発し、その日の夜遅くに帰ってきた。夫は家で一息ついて酒を飲みながら、「コブラ痛え」とふくらはぎをさすって、どこか嬉しそうな、大きくて妙な呻き声をあげている。今まで彼らから弱音なんて一度も聞いたことがなかったので、「ああ、この人たちは野生種ではなく、私と同じ人間だったんだな」と、なんだかホッとした。

しかしなぜそんなにへばっているのか。しかもなんだかアドレナリンも出ていそうだ。よくよく事情を聞いてみた。この辺りと違って、修業先ではとにかく個体数が多く、足跡をたどればイノシシはすぐ見つかるという。「だからよ、沢に何匹もいらんだ（いるんだ）」と興奮気味だ。ここら辺の山をあんなに探しても全く姿を見せなかった、まるで幻のような獣がゴロゴロいる。さらに、二人とも大物を撃った感触を久々に得られた興奮も、疲労感の原因なのだろう。

熊の巻き狩りは基本的に、待ち場と呼ばれる射手が撃つ。最も重役に見えるし、実際に花形だ。しかし、追い立て役の勢子《せこ》、全体指揮のムクラ、全体の能力バランスこそが、狩りの成功には不可欠。マタギが減った昨今、他集落から応援に来てくれるハンターも交えて狩りをするようになったのだが、巻き狩りを成立させるために、ネイティブ山熊田勢が陣形の弱点を埋める。結果、彼らは地味で大変だが経験が必要な、勢子やムクラ、ムコウダナ（最も遠い配置の勢子）のポジションに回る。しかし圧倒的な達成感を得られるのは、断然「待ち場」だ。応援しに来てくれるゲストに、ネイティブたちは花を持たせ続けていたのだった。
その山熊田マタギの積年の歯がゆさをぶっ飛ばす機会をくれたのが、上越の猟師の方々だったわけだ。実は彼らもまた、数年前に長野県の猟師にイノシシの捕り方を教えてもらったそうだ。日本列島を北上するイノシシ、南下して知識を授かる猟師。ダイナミックな攻防戦だ。

熊巻き狩りと最も違うのは、撃った後だ。熊は山の上へ上へと逃げる習性があるから、待ち場は必然的に山頂付近になる。だから獲物の運搬は下り坂になり、重力に後押しされて引きずり下ろすことができる。しかしイノシシは逃げる時に沢の方まで下るらしい。だからその巨体を、車を停めてある道まで引き上げなくてはならないのだ。深い雪に阻まれて、かんじきを履いた足を頭の高さまでヨイショと上げて一歩、また一歩と、強烈な上下運動のラッセルで雪を踏み固めて道を作り、二、三人で綱引きのように「そーれ！」とイノシシを引く。それを一時間半みっちりやってのけた結果の「コブラ痛」だった。やっぱり彼らは、私と同じ人間じゃないのかもしれない……。

それでも、成功体験を積んだ山熊田マタギたちのモチベーションの、うなぎ登りっぷりはすごかった。俄然やる気になって、いよいよ地元の山を皆で攻略しに向かった。しかしやっぱりボウズ。いないものは捕れない。痕跡も見当たらなかった。農作物被害や人身被害が頻発する未来を想像すれば、今ボウズであるのは悪いことではないけれど、確かに近い未来、イノシシたちは侵略してくるはずだ。この辺りの山側は雪深くてすみ心地が悪いようだが、積雪の少ない海岸沿いはやはり、イノシシが目撃されたり罠で捕獲されたりが徐々に増えてきた。未知の獣に挑むマタギ衆のロマンが、おそらく意図せず、結果的に水際対策に繋がっているのは頼もしい。

ただ、この女の待ちぼうけシステム、なんとかならないものかな。

大雪と停電と薪ストーブ

道の行き止まりにあるこの村では、冬にしばしば停電する。八キロ離れた一つ下の集落まで行く県道は主に杉林の間を通るのだが、湿った重たい雪が一気にドカッと降ると、杉はボッキリ折れる。まだ間伐していないエリアなんかは特に折れやすいらしく、二〇二二年の年末にはそのドカ雪のボリュームが大きすぎて、計四日の停電だけでなく、雪崩も起こるありさまだった。

新潟県は長い。さらに海側と山側の気象は全く違う。新潟市以北を「下越地方」と括って天気予報を出されても、範囲が広すぎておおまかな傾向を知る程度にしかならない。だから冬はもっぱら新潟地方気象台による細やかな情報、特に降雪量予想に頼っている。降雪だけでなく、停電リスクも予想できるからだ。

冬

　ドカ雪予想の前日、ろうそくとLEDライト、充電器や電池を準備し、湯たんぽも買い足した。他に何かいるかな、といくら考えてもそれ以上は出てこない。そして天気予報どおりにドカ雪が降り始め、予想どおりに停電アワーが始まった。
　山熊田の家々には薪ストーブがあるから凍えることはない。煮込む、焼くなど料理もできるし湯も沸かせる。もし水道が止まったとしても村の湧水をもらいに行けばいいし、プロパンガスもあるから普段どおりの調理もできる。薪ストーブのある部屋以外は冷蔵庫かそれ以下の気温だから、食料も傷まない。寝床も湯たんぽでポッカポカ。テレビは映らず固定電話も使用不可だが、なぜか携帯の電波は生きていた。

　ろうそくをコンロの近くに据えて夕飯の支度だ。ヘッドライトをつけて暗闇で冷蔵庫の食材を探すと、探検気分で楽しくなるのでオススメだ。母ちゃんや爺やにはおひたしや焼き鮭などのおかずを、私たち用には酒のつまみだ。今までは停電時につい飲みすぎてしまったのだが、どうせ飲みすぎるなら前向きに、おかずの他に用意したのは薪ストーブの上の天井から下げていた鮭のとばやスルメ。ストーブであぶりながら食べると楽しいのだ。夏に収穫したニンニクでアヒージョなんかにしても気分が高まる。そうしていい気持ちで布団に潜り込んだ。

翌日、やはり停電は続く。仕事ついでに山を下りると、道中、大胆に電線へのしかかりぶら下がる杉たちが点在していた。ビジュアルだけでおっかない。ヒヤヒヤ進むとダイナミックに倒木してブッツリ切れた電線が道の脇で雪にまみれてグチャグチャうねっていた。うわあ、これでは電気も来ないわけだ、と腑に落ちる。道を通れるように、誰かがその倒木をチェーンソーで切って道の傍らに寄せてくれていた。誰だかわからないけれど、ありがとう。

携帯電話の充電を兼ねて村上市山北支所を訪れたら、近隣地域のあちこちで停電が起きているのを知った。総務課から非常用充電バッテリーを集落住民用に貸してもらうことになり、準備する最中、新たな情報を聞く。山熊田にある携帯電話キャリアのアンテナのバッテリーが尽きた。携帯電話も不通となったので、非常用の衛星電話を東北電力が貸与してくれるそうで、夕方、村の総代宅に届けられる旨を伝えてほしい、という。確かに急病人でも出た時のために連絡手段は必要だ。下界にいる間しか連絡が取れないとわかったので、仕事で村を下っている村の住民たちみんなに携帯電話不通と充電バッテリー設置の旨をメールなどで知らせてから帰路につき、充電バッテリーを村の総代の家に届け、衛星電話の件をことづてした。

さすがに不便にも慣れてきたが、ご褒美的な娯楽が欲しい、と思った。というわけで、カセットコンロで焼き肉だ。台所作業が少なくて楽なのもいい。暗闇の中、家族全員が前のめりで食卓を囲む。想像以上におもしろいじゃないか。しかも暗い方が美味しい気がする。ろうそくの明かりはあるけれど、コンロの炎で逆光になり、黒く陰って肉の焼き加減がよく見えない。でもお腹は空いているし良い匂いだから、全員が貪欲に、手元の懐中電灯をつけたり消したりを繰り返す。窓の外から見たら、蛍のようだっただろう。爺や愛用のラジオがまた趣深い音色で、山間ならではの電波の弱さ。ザーと遠い街のにぎわいのように雑音が入り、遠くにおしゃべりらしい音や微かな音楽が心地よく闇夜に響く。明日は何をしようかな、もっとキャンプ飯とか調べておくんだったな。

と思って目覚めたら、急に照明がついた。まさか通電なのか。あれほどあちこち被害が出ていて、無数の杉が電線にもたれかかるわ、切れたグッチャグチャの電線は除雪車が来たことでさらに雪に埋まるわで、グチャグチャ度が増していたのに、たった二日で復旧するものなのか？　魔法？　と驚いていたら、鳴らないはずの携帯電話が鳴った。山北支所からの着信だ。携帯電話復旧の確認と、現状の報告だった。その連絡で驚愕したのは、山熊田までの電線復旧工事はやはり追いつかず、高圧応急用電源車が手配されたとのことだった。災害現場でしか見ないような緊急対応に、心底ありがたいと思った。あれ、今、私たちは被災中なのか？　焼き肉を楽しんでしまうほど緊張感はなかったけれど。確かに、もしオール電化の住宅を山熊田で採用したら、つらさは深刻だっただろう。

早速テレビをつけニュースを見たら、広範囲で被害が出ているのを知った。テレビでの注意喚起や有益な情報が停電中の当事者に届かない噛み合わなさが滑稽で、それも含めてホッとした。深夜だろうが駆けずり回り、今も尽力してくれている方々の存在を強く感じるこの電気は、質量さえ意識させたのだった。

確かに、山熊田のライフスタイルでは、電気が途絶えても生きていける強さはある。しかし「薪も水もあるから大丈夫だ」と強がったところで、電気の便利さを知っている私は、やはり依存してしまいがちだ。そんななか、昔の日常の薄暗さを、体感を伴って懐かしんでいる家族たち。電線が村まで引かれていなかった頃、村の中を流れる清流を利用して、小水力発電をしていたそうだ。その名残の堰堤や水路が今でも残っている、だとか、村唯

冬

一のテレビのある家に子供たちが集まるのだが、囲炉裏の煙がくすぶるので目をシパシパしみさせながらがんばって観た、など、昔話が止まらない。本当に強いのはここ山熊田で生まれ、山と共に生き続けてきたこの人たちの精神なのだな、と改めて実感した。ただ、文明の発展に尽力してきた方々がいて、私たちはその恩恵を受けながら便利な暮らしができていることもまた、忘れてはいけない大切なことだと改めて思う。

非常用充電バッテリーを返却しに山道を下る。黄色い大きな箱を載っけた高圧応急電源車ががんばってくれていた。給油用なのか、もう一台いる。横を通り過ぎながら車窓を開け、「ありがとうございまーす！」と叫んだ。

雪下ろしは家屋への負荷が小さいうちに行う。家主、管理者ともに高齢の空き家の積雪を見かねて、村人たちが協働で雪を下ろす

穴熊が冬を盛り上げる

マタギといえば、やはり熊。伝統猟法の巻き狩りによる熊猟は、この辺りを埋め尽くす雪がだいぶ減ってきた春に行うものだ。真冬の山熊田は積雪が多すぎて、かんじきを履いても前に進むだけでえらい目に遭い、猟どころではない。山熊田のかんじきは靴より二まわり大きい程度で、他地域のものと比べるとわりあい小さい。足底に渡すコクワ（サルナシ）の蔓と、トリキ（クロモジ）の円形の枠、ヤマガ（ヤマボウシ）のスパイク代わりの爪、それだけのシンプルなもので、春の雪上でも走れることに重点を置いた形状のようだ。雪を踏み固めるにも面積は小さい方が効率は良い。半面、雪が深くフカフカな場所では埋まりやすくて、なかなかに大変なのだ。それに警戒すべき真冬のモンスターとして表層雪崩もある。労力やリスクのわりに成果が得られないので、真冬には出猟しない。

冬

この辺りの風土は特殊で、海のある西へ続く一本道を車で行くと降雪量はみるみる減っていき、海へ出れば風は強いがほぼ雪はない。この差は二月、三月頃が最も顕著で、まだまだ雪深いモノクロの村から車で十分行くと一ヶ月先の、三十分進めば三ヶ月先の気候になる。そこはまるで春で、タンポポやふきのとうが顔を出し、狐に化かされた気分になる。お気軽にタイムスリップができるのだ。

人の侵入を拒まない程度の少ない積雪量の地域が近い地の利を生かし、男たちは時々、穴熊を捕る。ここでは穴熊とアナグマは違う。地方特有の「オリジナル呼称が紛らわしい問題」だ。タヌキ大でずんぐりむっくりしたニホンアナグマは、この土地ではマミ、タヌキはムジナと呼ぶ。では穴熊とは何だ？　ご想像のとおり、穴に入って冬眠中の熊のことで、大木のウロや、木の根元や岩の下の穴などが寝床になる。

巻き狩りと違って、穴熊猟は単独または少人数で行う。山へ入るたびに、真冬でも雪が深くはなく熊が好きそうな穴に目星をつけておいて、猟期が始まり熊が眠った頃、そのポイントを巡回する。

定宿の木のウロには、穴の反対側の幹に小枝が差し込める程度の穴をあらかじめ開けておくと大変便利らしい。冬眠中といっても実はぼんやり起きている熊をその穴から突つけば、うるさがって外へ出てきてもらえるからだ。もしウロの中で仕留めるとそこから回収するのはひどく重労働だし、文字どおり「一筋縄」ではいかない。

昔から、熊が入りそうな穴には名前がついている。時代を超えても変わらない習性は、知恵を持った人間にとって天然の箱罠のようだ。しかし、山熊田では元々、穴熊を捕る文化はない。昔は個体数が今より少なかったのもあるけれど、そもそも命との向き合い方として、寝込みを襲うようなことを潔しとしない価値観がある。正面から命の駆け引きを繰り広げてこそ恩恵をいただける、と考えるマタギ精神からすれば、穴熊猟はズルくて、自分たちの信条からズレた手段なのかもしれない。

というのも、春の巻き狩りでは大勢で熊を追い、危険も苦労も、そして喜びも恵みも皆で分かち合うことができる。互いの命を預けあうレベルで信頼を強くする「機能」があって、そこが伝統猟法を続ける最たる意義であると見受けられる。手柄の大小や大人子供関係なく、とにかく狩りの参加者には徹底して平等に分配するのが山熊田のマタギのやり方だ。男の子供たちにとってはホンマチバ（熊を仕留めるポジションで、一番の腕利きが就く）がヒーローだった。「昔は人が多かったさげ一人三百グラムばっかりで、家に男が多ければ儲けたもんだ」と聞けば、戦中戦後の配給の逸話かと錯覚してしまう。

熊巻き狩りは今でも女人禁制だ。四十年以上経った現在でも話題に上る出来事がある。山熊田の村にまだ分校があった当時、好奇心旺盛な女性教諭が反対を押し切って熊巻きについて行ったことがあった。村の老人や女衆全員が激怒。この僻地にまで来て子供たちに知識と教養を授けてくれる学校教諭は、村人からとても大切に遇されていたにもかかわらず、だ。この掟破りは後にも先にもこの時だけだ。この話を聞いた時、時代錯誤っぷりにキョトンとしたけれど、どうやらこれは女性差別ではなさそうだ。小さな山奥の村だからこそ、争いの種をできるだけ排除し、家族を危険から遠ざける。おのおのの能力を発揮できるよう適材適所を見極め、役割も資格も明確にする。平和に生きていくために長い年月をかけて培われた仕組みなのだろう。だから狩猟ガールなるものが流行りを見せだし、「狩猟免許とったんで」と興味をもって村を訪れた女性が熊狩りに参加したがるのは困る。この村のマタギは保守的どころではなく、超保守派なのだ。だから伝統が続いている。山の暮らしを支え合う切実さも背負っていることが、ゲームとは大きく違う。よそでは受容されることが、ここでは看過できない大切なこととして、今も生きている。

そんな価値観の村で、穴熊を捕るとどうなるか。文化にないから、春の熊巻きのような明確なルールはない。独り占めしたっていいわけだ。しかし「お礼はよこすな」と触れながら、肉のお裾分けに村の全世帯を回る。よそに住む親戚にまで配ったりする。熊の解体を手伝ったり世話になった人にも配る。完全に平等とはいかないが、一気に皆が潤う。

利点の最たるものは、爺やたちがたちまち若返ることだ。足腰が弱り引退した元マタギの爺やたちにとって、やはり冬の寒さは骨身に堪えるし、引きこもりがちになる。生気を吸われていくような雪にまみれた日々のなかで、人生で最も輝き活発だった我が勇姿を思い出させるのが、熊汁の味なのだ。自分の父親以外のマタギに弟子入りする風習があるこの村では、かわいい愛弟子のお手柄を喜ぶし、つられて血が騒ぐしで、昔話に酒を注げば、そのフルスロットルはもう誰にも止められない。静寂な冬を、熊が賑やかにしてくれるのだった。

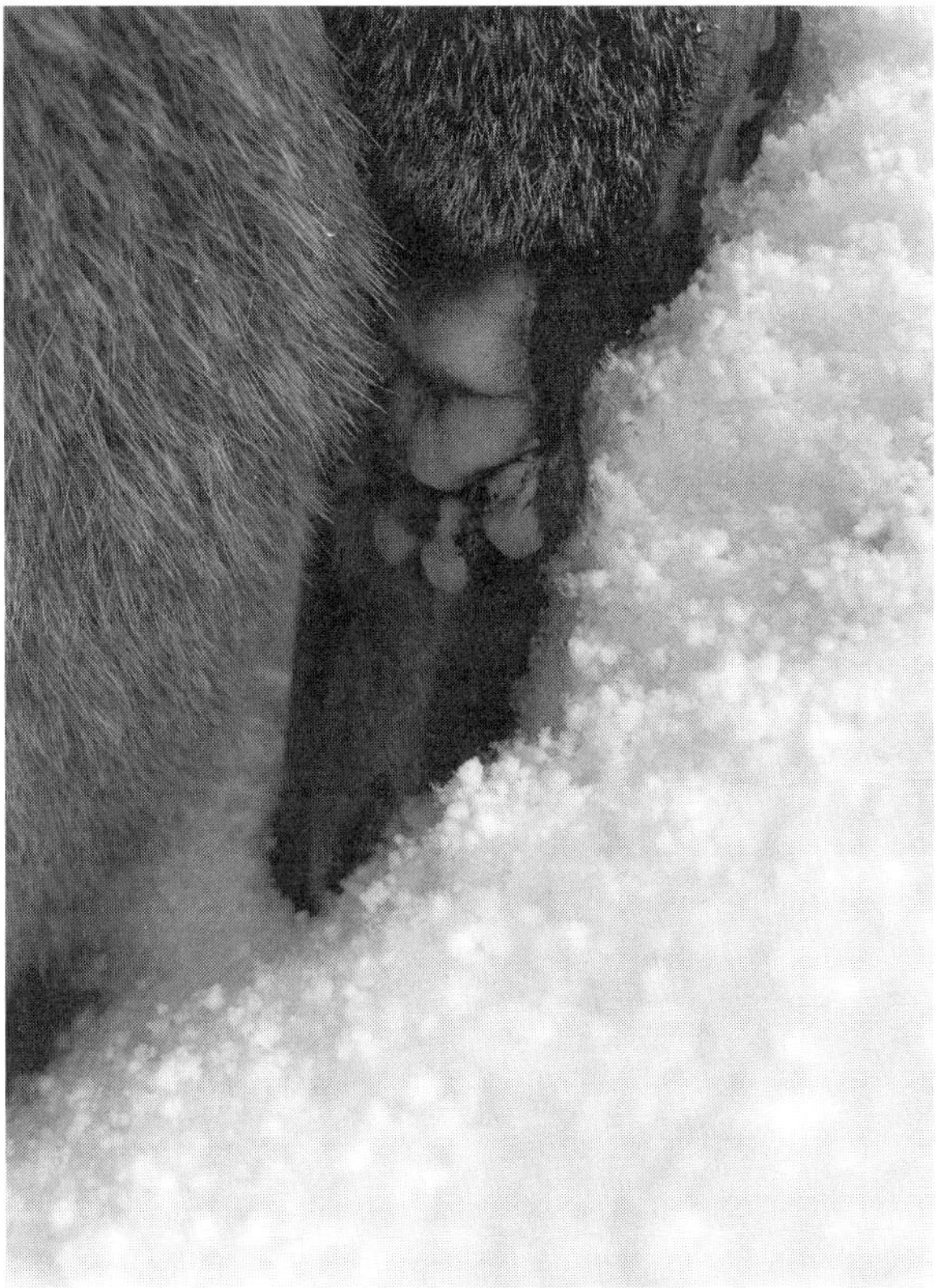

マミ（ニホンアナグマ）の肉球。しかしアナグマといえば、この地域では冬眠中のツキノワグマを指す。

雪崩と地震と山と人々

行き場を失っていた大量の雪は、暖かくなるにつれ塊で騒ぎ出す。雪崩が日常になると、ここ山熊田では初春だ。かつての私は「雪崩」という単語はニュースでしか聞いたことがなく、まれな災害かと思っていた。それを解決するのは専門の業者で、無力な住民はひたすら待ち、作業を他人任せにするしかないと思っていた。私にとってそれを他人任せにするのは当然だった。

しかしここでは雪崩はしばしば起きるし、特に珍しくもない。村から出られる唯一の県道で雪崩が起きるとどうするか。村人は基本的に自分の車に鉄製のスコップを載せている。がんばって通れそうなら、自力で雪を掘る。それが難しい規模なら、雪崩の発見者は村の総代（集落の代表）に連絡をし、総代から役場へ通報、役場から業者へ連絡が行き重機が出動、という流れがこの地域での対処の流れだ。とはいえ、業者の所在地は、村から山を三十分ほど下った府屋《ふや》という海沿いの集落で、故に最速でも到着まで三十分以上かかる。県道の管理を委託された業者は、日々パトロールをし、雪崩の危険箇所をあらかじめ排雪してくれてはいるが、やはり自然相手、予想がつかないことも多い。

集落を離れるとすぐ携帯電話の電波は圏外になる。雪崩で道がふさがったら、電波の届く場所まで戻って総代に連絡をする。雪崩の中には、運悪く雪崩時に道を通っていたら無事では済まない大規模なものもある。雪崩が起きた斜面の中腹に道があって、道の両側は二メートルほどのガチガチに固く締まった雪壁ができている。タイミング悪く雪の流れと壁に挟まれれば、車など潰れてしまう。あれを見てから私は、雪崩が起きやすい箇所を覚え、予兆の音を聞き逃さないよう、気を配りながら運転するようになった。

冬の盛り、どんどん降る雪に追われながら除雪しても、それは村の中の田畑や道の端などに置くしかない。三月にはその膨大な量の雪を、人里離れた山間へ移動させる排雪作業をする。ある年などは、私は機織りを休んで、朝から晩まで、山積みの雪をタイヤショベルで片付ける日々だった。雪のない時期が勝負どきの山暮らし、田畑の遅れは作物の生育や収穫量などを大きく左右するから、早く春を迎えるための労力は昔から惜しまないのだ。

二〇二二年三月十六日、皆が寝静まった夜。山のカラスが急に鳴き出すと、すぐに揺れがきた。ヌルヌルとしつこい地震だった。しばらくして収まったようだったが、揺れがあるのかないのかわからないような気持ち悪い余韻が残るなか、大きな揺れがきた。夫を起こし、スマホを開こうとした途端、緊急地震速報がけたたましく鳴る。無線放送が村中に鳴り響く。その間も揺れていた。ようやく収まり、両親や家財の様子を確認し、転倒を堪えたテレビをつけた。ついた。広範囲の大きな地震だった。前日は晴れて気温も上がっていたし、雪解けだけでなく近頃は雨も多かった。水気たっぷりの地面では、雪崩だけでなく地滑りも起こすのではないか、と心配したが、幸い揺れのわりに村に被害はなかった。停電もなかった。もし甚大な被害が出ても、この村には指定避難所がない。避難訓練の避難先は、道だ。外はまだ雪深い。氷点下になる夜もある。全家屋にある薪ストーブにもまだ熾が残っている時刻だった。最悪の被害を想像するだけでゾッとするが、無事な家に身を寄せたり、それが難しい状況でも薪を村中からかき集めてキャンプファイアーを囲んだりして、みんなで暖を取って夜を明かすのだろうな。だとすれば餅や肉も焼くな。となると意地でも酒を掘り出してきそう、と村人のたくましいサバイバル力を加味して考えてみると、あまり絶望しないから不思議だ。こんな漫画みたいな想像をしてしまうけれど、たとえ大きな被害が出ても、命さえあればなんとかなりそうな気がする。

この二年前、豪雨で村の対岸の山肌が崩れ、田畑に続く林道が土砂でふさがったことがあった。村人たちはタイヤショベルを借りてきて、自力で開通させた。土木案件まで自分たちでやってのけるなんて、かっこいいな！　と私は感服した。けれど彼らにしてみれば、行政に復旧してもらうのは時間がかかりすぎるし、復旧作業を待って不便するぐらいなら自分らでやってしまおう、ということらしい。それもそうか、と山の暮らしの切実なリアリティに改めてグッときた。

そのことを、かなり後になって役場職員が知って驚いていた。ほとんどの地域が解決するよう市に苦情を訴えるそうで、私有地であってもその種の相談があるらしい。かつての私のように他人任せだ。だから役場職員の驚きに納得するけれど、できる限り「自分ごと」にすると自分がおもしろい、ということを、私は知ってしまった。

その時は水源地の奥でも土砂崩れがあったようで、しばらく上水道が濁り、お風呂に水を溜めれば、何か特別な効能がありそうな色あいだった。すると、市の給水車が村に常駐してくれて、さらに飲水用タンクも全戸に貸与された。湧き水もこんこんと湧いているのに、わざわざ来てくれた。気にかけてくれるありがたさを表現するように、おのおの手押し車をガラガラと押して向かい、水を持ち帰っていく。みんな非日常のおもしろさと思いやりが嬉しくて、なんとなくはしゃいでしまい、給水車の周りは楽しいお祭り会場のようになった。そこに悲惨さは皆無だった。

山に生きると強くなる。ひもじさや暑さ寒さ、山仕事や百姓のしんどさ、避けて通れない苦難は山ほどあるけれど、それらに向き合って自分の弱さを痛感し、人のありがたみを噛みしめて、コツコツと乗り越えてきたから強くなる。自分が弱いと知るからいたわり合うし、皆のために熊を狩る。私は、こういう弱さ強さに惹かれてここに来たのだな、と実感した。一隅を照らす人々の一員になりたいと、今でも強く思っている。まさか自分でタイヤショベルを操るようになる日が来るとは、想像もしていなかったけれど。

四章

春

熊の巻き狩りと
それに備える村人たち。
山も人も躍動する春

山と同調する人々

山は眺めるものだと思っていた。生まれ育った関東平野では遠くに霞むスカイラインは山の輪郭だったし、山にまつわる何もかもが縁遠すぎて、全くもって無知だった。それゆえの畏怖と、「そもそも誰かの土地だろうし」と、関わる手がかりもよくわからないまま、好きになるきっかけもなく、山は遥か彼方の存在だったのだけれど。

それが、この村・新潟県村上市山熊田《やまくまだ》では、山のポジションが全然違う。山がなくては暮らしが成り立たないほどに、最も重要な位置にある。物質的にも精神的にも軸となっている。山の神は私たちに恵みを授け、山は家々の財産だという意識がいまだに強く根づいているのもおもしろい。村人の知識量もずば抜けていて、来た当初は呪文のようにしか聞

春

こえなかった会話も、謎が解ければ経験と観察力が凝縮した内容で、春にはそれが最も実力を発揮する。

雪がやせはじめる三月。男たちはソワソワしだす。猟銃を磨いてみたり、筋トレやジョギングを始めてみたりと、春の熊巻き狩りの準備を整えていく。おそらく熊が夢に出る頻度が最も多い時期だろう。

雪の減り具合を見て、山から木を切り出してきたりするのもこの時期からだ。薪の準備だ。まだ冬景色の最中なのに次の冬支度の薪作りを始めるのは、雪の上で木を滑らせて道へ出せるからだ。作業が楽になるとはいえ、やっと冬が終わろうとしているのに、雪の中で作業をしていると冬にとらわれた気分になってうんざりしがちだ。それでも雪かき以外の外仕事は久々で、チェーンソーの音が久々に山に轟くのは少しだけ新鮮。うんざりはするけれど。

この頃になると雪崩は日常で、道だけでなく山の斜面も見ながら緊張気味に運転する。とはいっても崩れる箇所はほぼ決まっているようで、暮らして数年も経つと気の張りどころがわかってくる。

普段はどこまでも透明な川も、着々と雪解けを進めて雪しろとなり、白く濁って豊富な水量でザザザーと鳴り続ける。遠くから聞こえるコココココという音、または古びた木のドアをギギギーと開けるような音の正体は、アオゲラやアカゲラのドラミング。山熊田で春の訪れを象徴するのはソメイヨシノではなく、騒がしくなる山河の音だ。ご無沙汰していたお天道様も、ようやく現れ出す。

四月に入ると、澱が固まったような気分を蹴散らすように、巨大なハエが家に入り込んでくるのだが、この村でそれは、熊が冬眠から目覚めた合図とされている。その煩《うるさ》さも春の知らせかと、そっと外へ追いやる。雪の中で息を潜めていた滝は山肌に再び姿を現して、水墨画のようだ。残雪の山に雨が降れば、あっという間に霧が地面を這うように立ち込める。ひときわ幻想的で、暮らしの場とは思えないドラマチックさ。目線を上げれば、屋根の上でオオタカが羽繕いをしていて、その向こうでは、一番乗りにブナの新芽が萌え出している。見るだけならたまらなく美しい景色だけれど、霧も新芽も、見通しが肝心な熊巻き狩りには不都合だ。雪上を歩ける程度に雪が減り、木々が茂る前のわずかな期間の勝負時を逃すまいと、マタギたちはブナの新芽と天気予報を凝視して、今か今かと意識を尖らせている。

五月。山も人も爆発だ。待ってはくれないゼンマイなどの山菜採りや田植えに追われるのだ。一年で最も忙しいこの時期、この村の人々は皆、「山のエナジーを直接取り入れているのではないか」と疑うほど、急にパワフルになる。足が痛い、腰が痛いと家にこもっていたお年寄りたちは特に、山の息吹に負けじと躍動しだす。ややもすると山に登り出す。そうなったらもう超人なのか野生人なのか、私など後ろをついていくのがやっとだ。草木をつかんで崖を登り、沢を飛び越え、熟知したゼンマイ群生地へまっしぐら。「ここは熊みたく這ってこい」「クラ（崖）では深追いすんな」など死なないための術や、胞子を残すために男ゼンマイは採るな、女ゼンマイは一本残せ、など、今風に言うと「サスティナブル」な採取方法を教わり、鉈《なた》で手入れしながら進む。山の上から霧が下ってくるようならば雨が降る前兆だ、と早々に切り上げたりもするのだが、その予言は結構当たるので覚えておくと便利だ。けど大抵は、雨などあまり気にしないで採取は続くから、雨がっぱは必需品だ。体は熱くても、春先の雨はよく冷える。テゴ（収穫物を入れるカゴ袋）にゼンマイを高く積んで数十キロにもなる大荷物を縄一本で担いで、まるで歩荷のように山を下る。その帰り道でさえ目は山菜ハンターのままで、戻るついでに棘《とげ》の痛さを相殺するほどうまいイラ（ミヤマイラクサ）、熊汁に入れると抜群な風味のフキンドアザミ（恐らくサワアザミ）など、街に住んでいたときには見たこともなかった多様な山菜を夕飯用に採る。身近すぎるからか、ここの人は山菜も「野菜」と呼んでいる。

帰ってからも忙しい。ゼンマイの綿毛をしごき落とし、太さに応じて選別し、大釜で茹でる。以前はこの綿毛も、紡いで機織りをするために大事に取っておいた。短時間勝負の下処理までを何としても終わらせなければ夕食は始まらないので、近所の人が手伝いに来たり、また、手伝いに行ったりもする。茹でたらゴザに広げて、天日干しをしながら二、三時間ごとに揉む。それを数日繰り返す。ゼンマイ採りの名人であっても、このつきっきりの後処理は大変だから、他の地域でゼンマイ採りが廃《すた》れたとしばしば聞く。けれど、山熊田では今も変わらずゴザが広がる光景が見られる。日焼けして赤黒く縮れたゼンマイの風下が香ばしく良い匂いになる頃、今度はワラビ採りの最盛期へと切り替わっていく。ワラビの時期は、アスパラのような味わいのショデコ（牛尾菜《しおで》）の時期。これが野生なの!?と感激するほど繊細でクセがなく、私は大好きだけれど、群生しないし希少で、ワラビ採り中でも浮気心を捨てられずにずっと脇目で探してしまう。

春

私が「眺めるものだ」と思っていた山を、ここの村人は全く違う視点で捉えている。ただ「爽やかだなあ」と思う私の横で、家族たちは頭の中で、山菜や水芭蕉など山野草の群生地、清水や木々の状態、熊を見た場所や土砂崩れがあった箇所を思い起こし、あるいは先見し、お天道様のご機嫌伺いをしながら一気に攻め込む作戦を練っている。それを全く口に出さないから、私にとっては起き抜けで突然イベントが始まるようなもので、ここに住み始めた頃はよく振り回されたものだった。今では一年のルーティンが見えてきて、心構えもできるようになってきた気がする。そのうち私も、春の山や獣に同調してフルチャージできるようになるのだろうか。うんざりしているうちはまだまだか。

伸びしろたっぷり

山間の暮らしというものは、山から恵みを得ることで成り立っている。その分、手入れや整備など、自然とうまく付き合うための労力は当然あるけれど、この素朴な営みのなかで、大きな自然の中で小さな人間が暮らしている感覚を強く持つし、生き物の在り方としてとてもまっとうだなあ、と日々思う。

春から夏は一年で最もそれを強烈に感じる。人智では制御不能であると身にしみ、自然のペースに支配されていく。

雪が消える前の山から木を切り出して運び、次の冬のために薪を仕込む合間に、「道普《みちぶ》請《しん》」がある。冬の間に荒れた道を村の皆で片付ける作業で、これをするのが五月だ。毎年、重機を借りてくるのは、雪崩がらみの土砂崩れや倒木などが必ず起こっているからだ。一つ一つを完了させていくうちに、ゼンマイが顔を出したら、今度はそれが最優先事項、ゼンマイシーズンに強制的に切り替わる。採ってきては綿毛をしごいて、茹でてゴザに広げて干して揉んで、を繰り返す日々。そんななか、またもや村仕事である、農業用水路メンテナンスの「水普請」に取りかかる。これが終われば、田起こし、施肥して代かきなど、稲作がフェードインしてくる。「さつき」と呼ばれる田植え、それが始まる前にワラビや他の山菜も萌え出して、それらを採っては保存処理、という作業が六月いっぱい続く。それが一段落すると、今度はシナノキやヤマブドウの樹皮を剝ぐシーズンがやってくる。

爺婆たち高齢世代は山仕事で稼いだ時代に生き、山は宝そのものだった。季節ごとの作業は毎年ほぼ同じルーティンなのだけれど、山にのみ生きるのならば、それで最高のパフォーマンスが得られるのだ。分校の閉校を機に山熊田までの一本道が除雪されるようになり、働き盛りの世代は勤めに出られるようになった。山師という林業職に就く人は激減して、ライフスタイルに世代間ギャップはできたけれど、高齢世代にとって宝をみすみす逃せるわけもなく、そのルーティンは今でも絶対的なままだ。私たち若い世代は、その意思に沿って休日に無理をするか、やらないかに分かれる。

私は村の伝統工芸である「しな布《ふ》」という樹皮製の織物を制作しており、それはかつて冬の女の仕事で内職に近かった。換金は買い付けに来る問屋任せだった彼女たちには、展覧会や企画広報などの概念自体がそもそもない。私の仕事に対する理解は内職止まりで、他の若い衆とは違い、日中も村内の工房にいるから、もろに影響を受けるしハプニングに巻き込まれがちだ。けれど、よそから来た私が山暮らしの仕事を覚えるには恰好な環境でもある。

季節にしろ時代にしろ、変わり目には負荷がかかるものだ。多様性がある社会になってきた感覚はあるけれど、変化を起こし耕した先人たちのおかげだ、としみじみ思う。そしてこの地はまだそこに至らない分、伸びしろは大きいぞ、と考えることにしている。

そう、ここ山熊田は可能性に満ちているのだ。というのも、謎の経験則や思い込みがまかり通ってもいるからだ。田植え一つとっても独特だった。ここは日照時間が短く水も冷たい。少しでも多くの米を収穫しようとして、進む田植え機の後をズブズブ歩き、圃場全面に高密度で植え足すのが当たり前だった。これでは稲が立派に育たない、十分な間隔をとることで分けつが促されるし、無駄なお金も労力も省ける、と説得しても、「それはよその理屈だ」と変化を拒む。似た環境の就農者や農協職員に詳しく教えてもらい、母ちゃん（義母）の説得を始めて七年目。半ば投げやりではあるが「好きにやってみっちゃ」と折れてくれ、苗の量を四割減らした。不作と飢えのひもじさを知る母ちゃんには勇気のいる判断だっただろう。だけれど、例年より豊作になった。経験と憶測だけでなく知識や勉強も大切で有益だ、という視点を持つだけで改新が起こる。これほどの伸びしろ、見たことない。

その半面、山の恵みを高い解像度で知っていることは、彼らの最大の強みだ。狩猟もそうだけれど、山菜やきのこ、木の実類などの採取なんて、ほとんど庭先感覚だ。タイミングを迎えた途端、電源が入った家電さながら条件反射的にとんでもなく働くから、その習性と知識が欠けている私は後を追うだけでも必死だ。だがやはり高齢化は進み、歪みが生まれて大きくなっていく。今朝もそれを実感することがあった。

山熊田では、村で共同管理をする山に皆でワラビ採りに行く慣習がある。家一軒につき一人だけに参加資格があり、平日休日お構いなしの日程だから、参加者は高齢者ばかり。二班に分かれて組になり、交代で三日おきに山に赴くのが一ヶ月近く続く。だが昨年は、体力的につらくなったり、自家消費以上は不要として辞退する家が増え、二班に分かれる必要がなくなった。今年はさらに減り、山へ向かう軽トラックを出せる人さえおらず、私が皆を連れて参加することになったのだった。当日の朝になってから困った困ったと騒ぐのはいつものことだが、二年間で十五人から三人へと激減し、朝飯前に終わるような仕事に半日かかるありさま。変化がジリジリ迫り来るというより、突然ドンと悲惨な状況に陥る恐ろしさは、羽越《うえつ》しな布《ふ》の伝統存続問題にも言える。最善の未来をつくるために、無理なく継続できる仕組みや今しておくべきことについて考えるのは彼らは苦手なようだ。場当たり的でも、いや、場当たり的だからこそやってこられたのが、山の恵みをいただく暮らしなのだ。そうして、私自身がアクシデントに驚かないように、打開策を考えたり、様々な可能性を予測したりして、心構えと対処をする癖がついてきた。

ＳＤＧｓだとか持続可能性などと表せば、なんだか知的で聞こえは良いけれど、つまりは「人間本位」ではなく「自然本位」ということなのかもしれない。それが当たり前になると、どうしてもここでの生活は場当たりに見えるだろうけど、考えてみれば、今までの長い歴史では「自然本位」の暮らしが主流だったはず。だがそれを私たちは忘れてしまった。自然本位で動こうとすれば、未来設計や計画は非常に立てにくい。経済社会の複雑な仕組みによって成立している現代では、ここの暮らし方はきっと最先端とは対極にあるように見えるだろう。しかし、この山奥の村にも光ケーブルがありWi-Fiも飛ばせているし、技術や知識と経験則、この新旧を擦り合わせる知恵がこの村にはあると思うと、やっぱり伸びしろを感じるのだ。

ゼンマイやワラビなどの山菜採り。テゴ（カゴや編み袋）にびっしり詰めて背負う

桜色の春が来た

桜の花がＳＮＳ上やテレビ画面で咲き誇っても、山熊田はまだ白い雪が居座ってニュースに追いつけないでいる。ここでは桜よりブナの芽吹きの淡緑色の方が先で、身近な春の知らせだ。その淡緑の生命力に呼応してマタギたちがフルスロットルになるのが、熊の巻き狩りシーズンだ。

数年前のこと。ブナの冬芽がまだ赤い四月上旬。山が少しずつ騒ぎ始めた気配に我慢できなくなった男たちは、熊が冬眠から目覚めたか皆で下見に行く、と言いだした。経験上、まだ起きていないだろうと踏んだ夫は「ちょっとそこまで」という感じで鉄砲を持たず、熊が寝ていそうな場所を見て回ってくるだけだと言う。行かないと気が済まないんだろうなあ、とおにぎりを持たせて見送ると、予想より早く戻ってきた。なぜか少年のようにケタケタと笑っている。寡黙な夫が珍しく大袈裟に笑う時は、大抵バツが悪くて何かをごまかす時だ。

「いんやいやいや、焦ったはははは！」「なしたんだ？」「それがさあ、起きたと思うたば寝ったんだ」「はい？」

山には雪がまだまだ残っている。熊の冬眠の定宿らしい木の根元の穴に着いたら、穴から外へ向かったと見られる大きな足跡があった。近年の乱れた気候で経験則もあてにならないらしく、雪上に残った証拠を見て「もう穴から出てしまったか」と納得しそうになったけれど、「でもさすがにまだ早いだろう」と疑った人もいた。その彼は名残惜しくて、穴に頭を突っ込んで覗き込んだ。すると暗闇にギラリと光る眼があった。目が合う。白い牙を剥く。「いだ！」と叫んだ途端、全員が四方八方へ一目散に逃げたのだ、と言う。丸腰では逃げるしかない。

大の大人が、まるで蜂の巣を突ついて遊ぶような光景を想像して、つい笑ってしまったけれど、これもみんな無事だったから笑いごとにできるんだよな、と呆れた。しかし元々こういう習性の人たちだったな、と着地するいつもの感情ルーティンではあったのだけれど、今回はなんだか違和感がある。

雪上にはしっかりと、穴から一方向にのみ続く足跡があったという。何十年も熊狩りをしてきた男たちが、いくらなんでも見間違えるだろうか。不思議だったから尋ねてみた。すると、熊は確かに穴から外へ出たのだ、という。しかしまだ芽吹きの時期ではなく早すぎると判断したのか、体の向きを変えないまま、なんと自分の足跡を再び踏みながら後退りして穴へ戻ったようだ。ちょっとずれて一回り大きくなった足跡があったとしても、じっくり観察しなければわからない程度だ。森の食物連鎖の頂点にある熊がそれほどまで警戒するのは、冬に出産し、仔熊を抱えていたからだろう。

子を守ろうとする母熊のその賢さと強さに、人間の男たちは負けたのだった。文明の利器を操る人間のマタギたちだが、撃ち損じ以外での負け方もあるのだな、と妙に感心してしまった。

そういえば、母熊を捕ったら仔熊が穴に残っていて、その仔を引き取って今も飼い続けている名物爺やが近隣集落にいる。餌やりは彼が営む会社の社員の仕事らしい。仔熊がらみの話だと、婆たちがまだ若かった頃、山熊田の小学校分校でも仔熊を飼っていた、なんて話も、今では酒の肴になっている。家々が残飯を持っていき、村中で世話をして立派に育てたらしいのだが、ある日突然、熊はいなくなり、そして村中に熊汁が振る舞われたのだった。名前をつけてかわいがるほどだっただろうに、うわあ、食うのか。でも、まあ、食うか。マタギの男衆の、人と獣の距離感は大事な秩序として保たれていて、私が嫁いだ頃、命を取るのが「かわいそう」と思うなら鉄砲は持つな、と夫に言われたことがある。当時は狩猟ガールなるものが流行っていたからだった。

この年の熊巻き狩りシーズンも無事終わり、二頭授かった。気候は例年とは特に違い、雪が多く残っているうちに気温がぐっと上がり、ブナが一気に芽吹いてしまった。茂った葉は視界を遮るから、山肌を目視できず熊探しが困難になる。雪と葉が交代する間の時期が極端に短かったので、この年、熊巻き狩りは三日間しかできなかった。

その最終日。日暮れ時に電話が鳴った。「まだ山頂で、今から下《くだ》っさげ。みな電気（ヘッドライト）持ってだし大丈夫。一時間半くらいかかっかな。うちの小屋に火焚いて暖めといてくれ」。山頂付近だけ、かろうじて携帯電話の電波が入る。この日はかなり奥山に出向いたようだし、何としても今年の熊を授かりたかったのだろう。結局その日に全員が帰還したのは、予想到着時刻を一時間以上過ぎた夜八時半だった。粘った末、まさかの二頭も授かったことで、重い熊を担いで帰ってくるのに苦労したらしい。

道もなく真っ暗な山を歩き続け、すぐにでも足を休めたいだろうに、マタギたちは家の周りをウロウロして「スコップねえか？」と探し始めた。我が家のスコップをありったけ差し出すと、玄関前の畑にこんもり残る雪を掘り始めた。日暮れに追われ、とりあえず担げさえすればと大雑把に解体、というか分割された熊が入ったポリ袋が、男たちの大きなリュックサックから次々に出されて山積みになる。丁寧に解体して計量し、参加者の頭数で平等に分配する作業は時間を要するので、後日に回す作戦らしい。そのために天然冷蔵庫となる雪室《ゆきむろ》を掘って、熊を雪に埋めた。熊は肉になってもなお王者らしく、キツネやテンなどの野生肉食獣は近づかない。他の鳥獣の肉なら持ち去られて、一晩ですっからかんになるだろう。

雪に埋め、「ひとまず良かった、お疲れさま」と私も安堵したのだが、よく考えてみると、私の家の庭に熊のバラバラ死体が埋められているのに安堵とはなんだ。そういえば私は、小学校の理科の授業で鮒《ふな》や蛙の解剖の話を聞いただけで絶叫する子供だった。それが今では魚や鳥獣をさばき、時には熊の腸をしごいて洗ったりするのも抵抗がなくなっている。

いつもなら打ち上げの酒盛りが始まるのに、この日だけは皆すんなりと家へ戻っていった。よほど疲れたのだろうな。手のひらや長靴についた熊の血を雪でこすり落とすと、暗闇の中で白く浮かび上がる雪上は、桜色に染まっていった。これが山熊田の春だ。春が来たんだなあ。

村や道から比較的近い場所で捕れた巨体でない熊は、引きずって持ち帰ることも

熊を裏切るカラス

この暮らしでは、当たり前に「おまじない」が活躍している。山へ入る男には、災難除けの炒った黒豆「鬼の目」を三粒、女が渡す。豆はその場で食べたり身につけたりする。正月には棘だらけのタラの木の枝を割り、断面に謎の呪文と印を書いて、家の全ての戸に立てかければ魔除けになる。建物を解体すれば持ち主以外の者しか廃材を燃やしてはいけないだとか、季節の慣習だけでなく、レアなシーンの言い伝えまで数えだしたらきりがない。冠婚葬祭なんておまじないフェスだ。けれど、どれもこれも不吉を遠ざけ験《げん》を担ぎ、平和で穏やかに暮らしていけるよう願うものなんだなあ、と思うと、たとえ語呂遊び由来のおまじないにさえ、優しい気持ちになる。

　そんななかで最も重要視されているのは、山神に授かる熊にまつわるしきたりだ。山言葉や呪文もさることながら、おまじないを通り越してタブーとされるのが、女の参加だ。一切が女人禁制である。この小さな集落のどこかにある「山の神のご神木」を、女は誰一人見たことがない。山を熟知している婆ちゃんたちでさえだ。もちろん私も知らない。

　私が山熊田に来た当初、村の婆ちゃんたちが口を揃えて「ジョンコも鉄砲持てばいいあんだ。今の時代、オナゴも鉄砲すらんだろ？　熊だけはダメだけど、ほれ、ヤマドリもいるし」と藪から棒に推してきた。しかも引っかかる推し方だ。移住の動機だった「マタギを取り巻く文化に深く興味がある」を、「マタギになりたい」と勘違いしたのだろう。「いいや、鉄砲は男衆に任せるよ、女は女の仕事があるんでしょ？」と言うと皆ホッとした表情になった。やりたいことをやらせたい、でも熊だけは……と、身をよじるような最大限の譲歩が婆たちの言葉に表れていた。村人が今も山の神を信じており、その風習が続いているのだから、私はそれを侵したくない。熊狩りの女人禁制は、どんなに時代錯誤と言われようが、ここでは最も重要な習俗なのだ。

　だから、女の私は熊に関して春にソワソワできないけれど、晴天が続くようになってきただけで「もう春か」という気がするほど、東日本の日本海側の冬はしつこく暗い。そうかと思えば、ダイナミックな力業で帳尻を合わせてくるのが、春。雪がだいぶやせて雪上が歩きやすくなる四月中旬頃から、原生林の中でいち早く芽吹くブナが若葉を広げるまでの三、四週間が、熊の巻き狩りシーズンである。スカスカの視界の山でなければ、熊を発見するのは難しい。タブーの向こう側の話を男衆から聞くことはとてもおもしろくて、私の貴重な娯楽になっている。

マタギたちは伝統と経験を頼って、熊が好みそうな日当たりの、しかも巻き狩りに向いた地形で、崖も比較的少ないような山に目星をつけて、あらかじめ決めておいた配置に殺気を消しつつおのおので向かう。全員の配置到着が確認できたら、指揮者「ムクラ」の号令とともに勢子《せこ》が一斉に大声で鳴る。その遠吠えのようなよく通る「ホーイ!」という大声を、ここでは「鳴る」という。山菜採り時など、姿が見えない者同士によるコミュニケーションでもよく鳴るのだけれど、巻き狩りは全くの別物だ。たった一度だけ、珍しく村の近くの山での巻き狩りがあって、その時に聞いたことがある。地鳴りのような、塊のような凄まじい声だった。そんな本気の鳴り声を、男たちは熊を追い込んで射撃するまで数十分続ける。だけれど実は、スタートからしばらくは、熊がいるかどうかもわからない、暗中模索の状態なこともあるらしい。鳴りながら目を凝らし、双眼鏡も使い、音から逃げ出す黒い影を探す。視界が悪ければ、細い若木だろうが枝だろうがお構いなしにスルスルと登って鳴り、広い視野で探す。熊が発見できなければ、追い込む態勢に進めない。

そんな男たちの野太かったり甲高かったりする吠え声がうねり、山が震え続けるなか、ひょっこり現れて気まぐれに助けてくれるものがいる。

カラスだ。カラスは人間が巻き狩りをしていることがわかると、熊がいればその場所を教えてくれるそうだ。熊の頭上を、カアカアと鳴きながらクルクルと飛び続ける。

トランシーバー越しのマタギたちは「こっちでカラス鳴いてっぞ」「わかった」などと当たり前な様子だ。カラスに頼った、という感じではないけれど、男たちは欲しい情報をタイムリーに教えてくれる彼らの行動を信頼し、活用している。特に飼いならしているわけでもない野生のカラスなのに、この助け舟のチームプレイには驚いた。

イルカと漁をする民がいるというのは、いつかテレビで見たことがあったけれど、カラスとの協働の猟は初めて聞く。なんだかとってもメルヘン！　と浮かれて土産話にワクワクしたのもつかの間、「カラスは全く賢い畜生だ」と爺や。え、畜生？　悪口でしか聞いたことないんですが、と初めの頃は戸惑ったけれど、山熊田の元マタギの爺やたちは、人以外の生き物はほぼ「畜生」と呼ぶ。飼い犬も、もちろん畜生、よくて犬。名前があってもほとんど呼ばない。しかし特に悪意やネガティブな気持ちを込めているわけではなく、愛情や敬意を持っていても、生き物を捕って食う人間である以上、思い入れが大きくなりすぎないよう距離をしっかり保っている、ということらしい。

そんな賢い畜生のカラスには、ちゃんと下心がある。猟場のほとんどは村や道から遠く離れているから、男たちは捕ったその場で熊を解体し、分割した獲物をみんなで背負って帰ってくる。その解体時のおこぼれがカラスの狙いだ。もらえるのがわかっているから、人間に熊の居場所を教えてくれる。「早く捕れ、肉よこせ」なんて思って鳴いているのかもしれないけれど、地面から離れられずに木に登るのが精いっぱいな人間の身体能力からしてみれば、熊を思い切り裏切って告げ口をするカラスは、昔から気まぐれで貴重でずる賢いマタギたちの狩りの仲間であるらしい。

「ドローン飛ばせば猟がはがいぐ（はかどる）かもなあ」「カラスいれば十分でねえか」なんて、酔っ払って当たり前のように話している。害鳥キャラのカラスとマタギたちは、案外うまくやっているようだ。

熊汁今昔

わが家には冷凍冷蔵庫とは別に冷凍庫が一台あるが、冷凍庫は常にいっぱいだ。旬の時期に採取したものを保存したり、料理を作り置きしたりするのが趣味なのに、冷凍庫を使えない。満を辞してもう一台導入したが、状況は変わらなかった。主な理由は、消費する以上に母ちゃんがこしらえる餅や笹団子に灰汁《あく》笹巻き、あずき餡などで埋まるからだ。冷凍庫内の空間の広さは心の余裕とやる気に比例するらしい。そして夫が捕る熊肉。他にも猪、鮎などが占拠する。さらに「ひとまず冷凍庫へ」と面倒事を先送りできる魔法の箱の感もあるうえに、入れたことを忘れるらしく、お伺いを立てても無駄だ。だから定期的に全部出して整理し直すのが一苦労で、手先の冷たさだけでなく、正体不明のこの物体は一体何か？　を推理する闘いになる。特に肉類は難易度が高く、保存時に記載を怠ればそれは謎肉化し、解凍消費の一途をたどるしかない。春が近づくと冷凍庫整理は避けられない。熊の巻き狩り猟が始まるからだ。気が重い。

「今夜は何が食べたいか」と夫に問えば必ず「ホルモン」と答えが返ってくる。生の豚ホルモンが好物なのだが、世の中には様々な美味しいものがあるのに、と思うと同時に、なぜ熊と答えないのか長らく疑問だった。あれだけ冷凍庫に待機しているのに。確かに物々交換や手土産に熊肉は重宝するのだけれど、それにしてもダブついている。かといって熊汁以外の熊料理を作っても反応は薄い。

以前、熊の塊肉をコンフィ（じっくり油煮）にしてから、表面をカリッと焼いて家族に出した。いまいちだ、熊らしくない、と不評だったのだが、同じものを村のイベントで来賓にお出ししたら興奮に沸き立った。なんだこの温度差は。他にも肉まん、餃子、ハンバーグ、リエット（肉のペースト）なんかに対しても同様の反応だった。

この村で認められる熊の食べ方は「熊汁」しかないのか、とつまらなさに気を落とし、それにしてもなんで好物が豚ホルモン一択なんだ。熊汁が最高なんじゃないの？　と夫に尋ねた。

「今の熊汁は本当でねぇ」とボソリ。どういうことだ？　よくよく話を聞いてみた。

村の人口がまだ多かった彼らの少年時代、男の子たちは校外授業の一環として年に一度、先生や爺やたちに引率されて熊の巻き狩りに同行したのだった。この村の熊巻き狩りの一切は女人禁制なのだが、男性であれば老若問わず参加できた。ちなみに女子は学校に残って授業を受けるという理不尽さ。

巻き狩りで得た熊肉は、手柄や労力に関係なく参加者全員に平等に分配された。男親と子、二人分の配当は三百グラム程度、とても貴重だ。それとは別に、打ち上げとして猟を振り返りながら男衆が賑やかに食べるのが「ナヤ汁」という、夫の言うところの「本当の熊汁」だ。全ての骨を大鍋で煮た後、骨を大皿に取り出す。熊の胆《い》（胆嚢）と、それを干す際に必要な量のカガワタ（内臓脂肪）は別にしておいて、熊骨汁に肺やアカギモ（肝臓）、残りのカガワタなどあらゆる内臓を入れ、骨の出汁、脂、自家製味噌と合わせる。さらに早春の残雪の隙間に現れる貴重な山菜、フキンドアザミ（サワアザミ）の葉を下茹でしたものを加える。ゴボウの風味に似て灰汁と香りをガツンと感じる個性が持ち味で、それが内臓特有のえぐみと相まって、たいそう奥深く豊かな風味になるのだ。甘い苦いの次元では表せない力強さ。あの香りが最高でなあ、と爺やたちは今でもウットリ顔で話す。大鍋に残る汁や骨もまた各家庭に分配され、山の神の恩恵は村の隅々へ行き届いた。

ナヤ汁をうまいと感じさせる最も大きな要素は、熊を得る際の強烈な背景だろう。男児が来ない本気の熊巻き狩りは、ケイセキという細い木製スコップを片手に、雪山を藁の深《ふか》履《ぐつ》や脛巾《はばき》で進み、捕れなければ泊まり山（野宿）に至る。一週間以上も村に帰れないこともあった。切り倒した生木をイカダ状に積んで火を焚いて、びしょびしょに濡れた深履や蓑《みの》を乾かしながら、ひどい煙と寒さのなか、雪の上でじっと堪えて夜を明かすものだから、全員がずっと寝不足だ。村で待ち続ける女たちは、遠くの山から聞こえる男たちの熊を追う鳴り声や、オデンガラ（熊を仕留めること）を知らせる空砲が轟くたびに、期待で色めいた。熊の巻き狩り自体が、村を挙げてのお祭りだったのだ。そうして全員が無事に村に戻ってから大鍋で煮るナヤ汁は、苦労の末の、お手柄を上げればなおのこと、特別で誇らしい恵みのご馳走だったのだ。

しかし近年、マタギたちの数は減少の一途をたどっている。そうして近隣集落の狩猟仲間が巻き狩りに応援に来てくれるようになってから、ナヤ汁は影を潜めることになった。

今や勤め人ばかりなので泊まり山もしないし、できない。それに、熊の頭数は昔より増えているらしい。参加人数が減った分、分配量は増えた。しかし内臓の独特な味わいは、慣れない者にとっては「えぐみ」と感じられて受け入れられず、結果、骨と肉のみの熊汁になり、村の夫世代もその万人受けする味を支持するようになったのだった。

持て余した内臓をなんとか美味しく食べられないかと挑戦しても、やはり苦味とえぐみの存在感が独特で、私は頭を抱えたものだった。けれど、案外答えは目の前にあったようだ。

どうやら夫はナヤ汁を食べるのを我慢していたのだ。熊肉を、たとえば焼き肉やステーキのような、肉を食う実感の強い料理ではなく大量の汁物にする理由は、より多くの人に行き渡らせるためだった。しかし大量のナヤ汁の味が今の仲間たちには求められていないことを知った夫は、ずっと遠慮していたのだ。唯一無二のあの風味、それを譲歩した代替案が豚ホルモンなのかもしれない。

この春は「本当のナヤ汁」を作ろう。背景や思い出含めてそれをうまいという最後の一人らしい夫や、引退した爺やたちの喜ぶ顔が見たい。昔と同じとまではいかないけれど、特別で誇らしいと思えるマタギたちの伝統の味を、終わらせてしまうのは切ない。ただ単純に豚ホルモンが好きなだけかもしれないけれど、好きなものはたくさんあった方が良い。冷凍庫に空間を生むためにも。

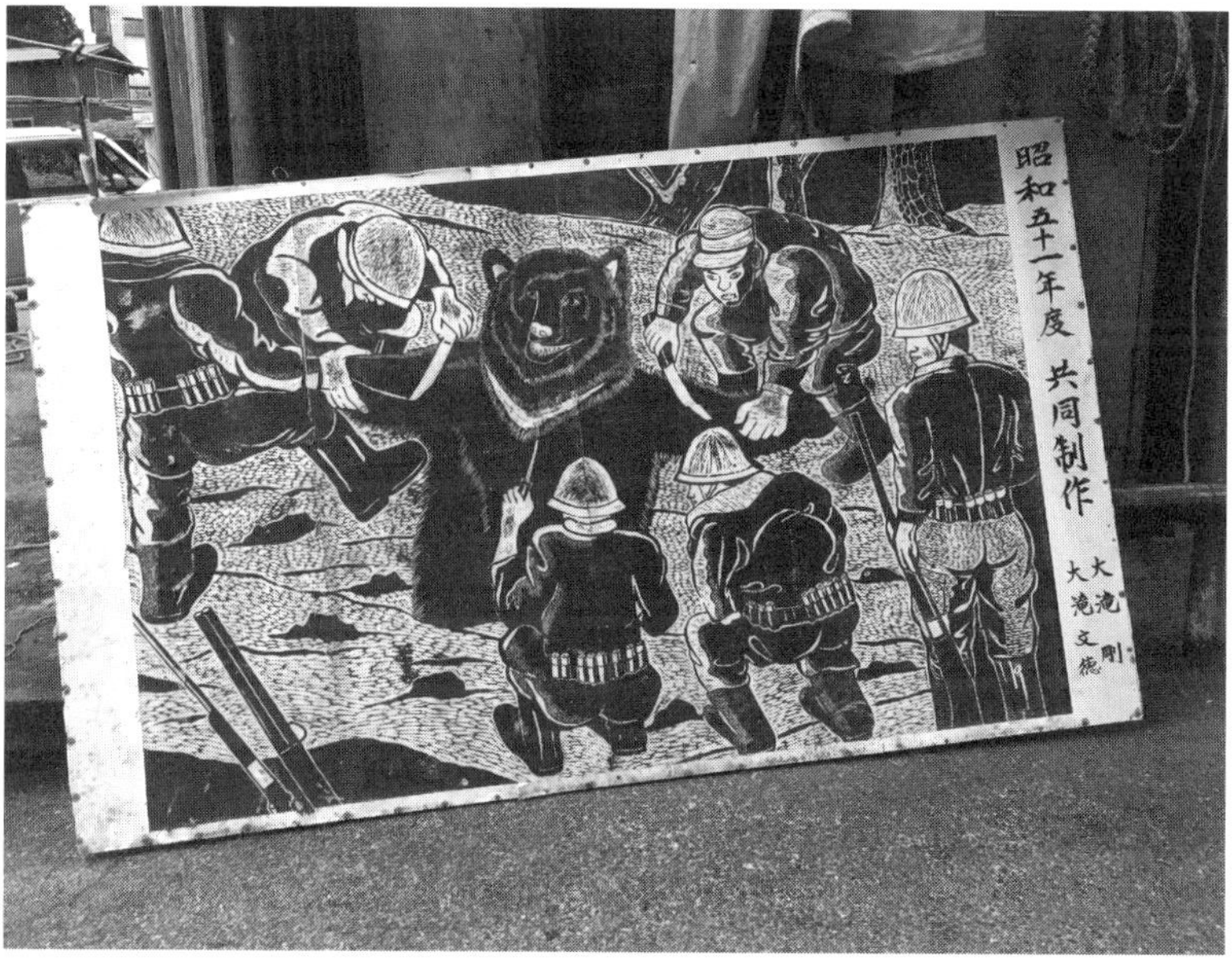

夫らの中学の卒業制作。この版画は英雄たちの勇姿と、ナヤ汁の味を彷彿させるのだろう

夜の機織りがダメなわけ

とある夕方、私は家の物置でスゲ笠を捜していた。
秋のうちにそこかしこに潜り込んで冬を越したカメムシは、暖かくなってきた春に再びうごめきだす。薪ストーブの暖気が溜まる小屋の二階にある物置では、尋常ではない数のそれらが銀河の星屑のように窓に張り付いて、ゾワゾワと動いている。自ら落っこちてビックリしては、あの異臭を放ってまた窓を上る。延々それを繰り返しているから、ずっと臭い。虫が苦手な私にとって、まるで和製インディ・ジョーンズの世界なのだが、そんな魔窟に突入してでも捜し物をするには理由があった。

山熊田にはシナノキの樹皮から布を織る「しな布」の伝統があって、私はその機織りをしているのだが、技術以外にもいろいろ覚える。機織りに関する習わしももちろんあって、神話っぽいもの、まじないに近いもの、何か理由がありそうなものなど様々だ。その一つに「夜は機織りをしてはいけない。どうしても織らなければならない場合はスゲ笠をかぶれ」という伝承。なぜ夜に織るのはダメなのか、そして唐突なスゲ笠の提案がさらに謎を深める。約束を破った者の顔を機神様から隠す策なのか、それとも競争意識の強い村人たちの抜け駆け防止策か、村に電線が通らず小水力発電でしのいでいた時代の節電対策だったのか。どの婆に聞いても理由がわからない。母ちゃんは「笠は昼にかぶるもんださげ、今は昼だ、ということとなんねがなあ？」と居直り系の理由を憶測する。そんなやりとりもおもしろいのだけれど、他のどの婆たちに聞いても結局、夜は機を織るな、にしか着地しない。謎は謎のままだった。

それをないがしろにもできず、とりあえず鵜呑みにしていたのだが、春になり、山菜や田んぼの仕事で急激に村が活気づくにつれ、機織りの時間は容赦なく奪われていく。日常的なハプニングへの対応や、買い物依頼も絶えない。織り上げ予定日は迫る。毎日定刻になると家に戻り、夕飯の支度をするのだが、準備を終えても誰も食卓に帰ってこない。日没が遅くなった今、みな日が暮れるまで作業をしたいらしく、時計は無視されるのだ。なぜか夕方になってから張り切りだして山や畑に出かけることもしばしば。だから天ぷらや煮物は冷え冷え。そういうことなら、と私もサマータイムよろしく一時間ほど延長して機織りをしたところで、やはり仕事は切羽詰まっていくばかりだった。

「なんで夜は織って悪《わり》いんだ……」とぼやくと、「お、良いあんぞ、あれは昔のイジャリバタ（居座機《いざりばた》、腰機《こしばた》）の決まりださげ」と母ちゃんが言う。「でも別の婆は（近代の）高機《たかばた》でもダメだって言ってたよ」「あの婆は本当を知らねえんだかもな。最近の人だんの」。最近の人、が七十代という感覚には驚くけど、確かに八十代半ば以上の婆が居座機世代で、それより若い世代は一気に高機に転換した。若い世代でもまれに、しゅうとめがセッティングした居座機の縦糸の残りを織ったこともあったそうだが、その時に習わしが混同されたのだろうという。

じゃあ、高機は織ってもいいのか！　と冷めた夕飯をかっ込んで工房へ戻る。山間の夜はまだ寒くて、ストーブにまだ残っている燠《おき》を手前に寄せ、できる限り織り機から降りなくて済むよう、太めの薪を三本くべる。火は一時間半はもつだろう。織り部屋と手元用の照明をつける。よし、やるぞ。

すごくいい。山熊田の夜はとびきり静かで、チェーンソーの爆音がない。鍬《くわ》の音も、薪割りの音もしない。「ジョーンコ！」と大声で呼び出されない。窓の外の暗闇にはアオバズクやジュウイチが鳴き、川は淡々とせせらいでいる。目の前の機に向き合うだけでいいなんて、最高じゃないか。

しかし、しばらくすると静寂は破られた。見て見ぬ振りをしていたけど、だんだん静観できないほどに賑やかさが増す。奴だ。奴らを忘れていた。

部屋が暖まり、こうこうと明るい照明界隈は、フェス会場さながらカメムシが大盛り上がり。部屋のあちこちの隙間から出動してきて、「ブーン」と大きな羽音が数十匹分、うるさいわけだ。この時期、暖かな日中なら、窓を少し開けておけば外に出て行く彼らだが、夜だと逆で、室内に呼び寄せてしまう。まずいぞ。織り上げている布に、茶色いションベンなど垂らされたらひとたまりもない。春のションベンの色は濃いのだ。こうなったらおとり作戦しかない、と隣の部屋の照明を最大光量でつけた。そして機織り部屋の電灯は消し、手元を照らすライトのみでやり過ごす。はたから見たら、魔術でも唱えていそうな怪しげな雰囲気だろう。

おとり部屋作戦は功を奏したようだったが、中には魔術現場に挑んでくる果敢な奴もいる。仕事に邪魔な前髪をヘアバンドで留めた私の額に、頭のてっぺんに、胸元に、カメムシが留まる。作業用ライトが手元だけでなく、私の前面を照らしているからだ。心を平らかに保たなければ、美しく良い布は織れない。変に力めば、縦糸も切れやすくなる。絶叫したい気持ちをぐっとこらえ、ションベン被害を避けるべく、そっと払う。できることなら、本当に魔術を唱えたい。

「あ、そういうことか」と突然、合点がいった。ここにスゲ笠があったなら、被害はかなり抑制できるはずだ。光が当たる笠の上面はフェス会場になるかもしれないけれど、ないよりは格段にマシだろう。

本当の理由は今ではもう誰にもわからないけれど、あの「夜は機織りをしてはいけない。どうしても織らなければならない場合はスゲ笠をかぶれ」という伝承は、神話でもなんでもなく、昔からカメムシと戦ってきた女たちの知恵だったのではないか。なんだか、全くロマンのかけらもない結論に至ってしまった。緯糸《よこいと》を打ち込む筬《おさ》の音が、虫にまみれる情けなさと、新たな結論に導かれた清々しさがぶつかり合うように、あるときは軽やかに、あるときは重く暗闇の中に響く。遠くの外野はうるさいままだ。そうして私は、魔窟への突入の覚悟を決めたのだった。

四年ぶりの熊祭り

最近の気候は極端で、春と秋が短くなってきているなと感じる。春が駆け足の年は、山熊田では困りものだ。雪が解け始めたなと思ったら急激に気温が上がり、一気に山の木々が芽吹くような、曖昧な期間を挟まず季節が進むのは最も困る。冬眠明けの春熊の巻き狩りは、人が山に入れる程度に雪が解けてかさが減り、新芽が茂る前の見通しがきく二、三週間がシーズンなのだが、近年はそうもいかないことが増えた。日々緑がモリモリ現れ、変化が目に見えて明らかな年は、男たちの焦りを肌で感じるほどだ。

いつもなら週末に熊巻き狩りへ行くのだが、二〇二三年の春は到来の速度が凄まじく、遅れを取るまいと、マタギたちは勤めを休み、平日に決行した。こんなことは今までほとんどなかった。おにぎりに携帯非常食、ポリ袋、衣類の替え、糖分高めのお菓子、無線機にマッチにヘッドライトに電池にと、荷物を床に並べて準備をしながら「今年はこれでしまいだな」と夫が呟《つぶや》く。ちなみにライターでなくマッチなのは、寒さで火がつかないなんてことが起こりやすく、山で泊まるはめになった緊急事にそれは命取りになるからだ。だから、ポリ袋に包んだマッチの信頼度は圧倒的に高い。

その日、男たちは日暮れ頃に帰ってきた。今年初めて山熊田で授かった熊は冷蔵庫代わりの庭先の残雪に埋め、解体は後日へと先送りにした。そして我が家の作業小屋でねぎらい合いの酒を飲み始めた。達成感を滲ませて遠くまで響く男たちの笑い声は、耳当たりの良いものだった。

どうやら、その席で突然、今年の熊祭りの日取りが決まったらしい。週末にやるという。熊を狩った三日後だ。私が聞いたのは翌朝で、つまり祭りの前々日だ。もともと熊祭りは、村のマタギ衆だけで熊の弔いと山の神への感謝する直会《なおらい》だったのだが、近年の熊祭りでは同地域の猟友会や、狩猟に関してお世話になっている方々を招くように変遷している。そして熊汁だけでなく山菜料理も振る舞おうと、女衆が裏方に入るようになった。それでも熊祭り自体はやはり女人禁制なので、女衆はひたすら裏方に徹する。山熊田には店がなく、あらかじめ油や小麦粉、酒類などを買い出すだけでも大仕事だ。今回の急な展開に泡を食ったが、頭領《とうりょう》である夫は、普段見せない瞬発力と配慮を珍しく発揮して、事なきを得たのだった。

熊祭り当日の早朝、三日前に捕った熊を雪から掘り出し、解体が猛スピードで始まる。別の班は、山菜取りに山へと向かった。居残り組はひとまず熊を肉と骨に分け、骨と掌を大鍋に入れて水から煮始める。その間、土産用に肉を量って包んだり、祭り会場である公民館二階を掃除したり、飲み物を準備したりする。

私たち女衆はというと、採ってきた山盛りの山菜の下処理から始める。鮮烈な香りのヤマウドは葉と茎に分け、葉は天ぷらに、茎は短冊切りにして湯がいて胡麻和えに。苦味がクセになるシドケ（モミジガサ）はお浸しに。タラノメは棘に気をつけながら根元の硬い部分を除き、出汁のおひたしと天ぷら、二品となる。上品な香りで美しく透きとおるコシアブラも天ぷらだ。それを祭りが始まる前にこしらえるのだが、直前に決まっただけあって参加人数は誰に聞いてもわからない。何人前があれば良いのかわかりようがないから、とにかくありったけの山菜を調理しまくる。大鍋の熊も煮込んでから三時間が過ぎ、公民館一階の調理室は熊の香りと湯気と揚げ物臭が充満して、鼻がバカになっている。鍋にバケツいっぱいの味噌を入れるとうまそうな香りに変わって屋外まで漂い、その途端に男たちが熊汁のでき具合を覗きに来る。

天ぷら鍋に張り付いてひたすら揚げていると、外から吠えるような声が上がった。空気がビリビリと震えるような感触が久しぶりで、気持ちがたかぶる。コロナ禍が始まって以来、四年ぶりの熊祭りが始まるのだ。

集落のどこかにあるご神木を山に、祭り会場の公民館前を村に見立てて、二手に分かれた男たちが各ポジションへ向かう。お神酒を捧げた後、山と村、交互に「ほーい！」と大声を掛け合う。熊を追う時の鳴り声だ。それが三度繰り返されるのが、祭りの始まりの儀式となる。

急遽呼ばれた来賓もさぞ迷惑だったろうな、と心配したけれど、周りの顔を見てみると、そんなことなどどこ吹く風。みな、肩書きなど関係なく、同じ人間同士で大らかに楽しんでいるようだ。女たちの闘いも終わり、ヘトヘトの私たちは調理室の床にベタ座り、ゆっくりお茶を飲みながら談笑を楽しむ時間になる。熊祭りの裏方には、シュークリームやお饅頭などの甘味に並んで、熊汁や骨が並ぶ。交互にかじりながら、目の前に並ぶ品々が、かわいらしさとたくましさの両極端しかなくて、そのギャップが私たちらしい、と笑い転げた。

公民館全体が笑い声で満たされてしばらくすると、山熊田の熊祭り名物「おのぼり」が始まったようだ。なぜ会場にいない女衆に察せられるのかというと、トイレへ駆け込むお客人が増えるからだ。現代では考えられないような儀式で、三方に乗った二つの大きなコップ（昔は丼）に日本酒を注ぎ、「それではおのぼり頂戴します」と一気に呑み干す。どこへ昇ろうとしているのか。本来は祭りの裏方も男だけで、裏方役の若者世代にも十分に飲ませてやりたいという思いやりから始まったと夫は説くけれど、どうも腑に落ちない。全員が酩酊してトランスを強引に誘う儀式のような気がする。「おのぼり」とは、山の神のところへ昇る、という意味ではないか。ただ一つ間違いないのは、全員が肩組み合うほどに仲良くなり、仲間意識が醸成される大切な機会だということだ。そして恐ろしい儀式でもある。日本酒の空き瓶の数がおぞましい。

総千鳥足でご機嫌なまま、来賓とその送迎の方々を見送った後、村の千鳥足衆が調理場の裏態祭りに「ご苦労だったなあ」と、ねぎらいの酌をしにきた。これほど力いっぱい笑い合えるコミュニティの仲間になれて幸せだな、としみじみ噛み締めた。朝から大変だったけれど、楽しかったなあ。人々が対面してエネルギーを交換する場がどれほど大切なことだったのか、じっと耐えた四年間が教えてくれた。まあ、そのあとに広がっていた宴会場の惨状は、ここには書かないでおこう。

新たな仲間

積年の願いだった「仲間」が山熊田に来た。村の住民、羽越しな布の後継者、二つの意味での「仲間」だ。

移住者が私の機織り工房に居住できるよう、昨年から改装を進めていた。この春からここに住むようになった彼女は、コロナが猛威を振るう前から山熊田に通っていた。私の義叔母で機織りの師匠でもある人の孫が大学時代の学友だったのが縁だ。その孫が「山の婆の機織りを、彼女はきっと好きになるだろう」と連れてきたのだった。伝統工芸が好きらしい東京住まいの彼女の両腕は、いつも肘から爪まで真っ青だった。藍染職人として働いているという。彼女が孫と共に山熊田を訪れるたびに、師匠からお呼びがかかった。樹皮製の珍しい原始布「しな布」にも彼女は興味津々で、私の工房に招いて、師匠と私で機織り体験の指導をしたり、樹皮を裂いて撚《よ》り繋ぐ「糸績み」を教えたり、その後は酒を酌み交わしたり。その彼女が移住の決断をした。何があろうと引っ越してきたい、という強い覚悟はあるが、住まえるような目ぼしい空き家はこの村にはない。腹を括ってくれているることが嬉しくて、唯一住めそうな工房の未使用エリアを春までに改装し終えたのだった。

実は、羽越しな布の後継者育成事業は、新潟と山形の県境に接する村上市山熊田と鶴岡市関川の二集落で、二十数年前から行われていた。しかし成果は全く上がらなかった。原因は、受け入れ母体が研修生を「タダで使える労働力」としか捉えていなかったことと、補助金給付期間以降の受け入れ体制を整えなかったことだ、と私には映った。豊富な失敗例は貴重な教訓になる。しかし高齢化が進み、しな布存続の危機は年々増すばかり。ここまで弱体化したのなら、仕切り直して再び育成を始めなければいよいよ手遅れになる、と動き出したのが三年前のこと。村上市の協力を得て地域おこし協力隊の制度を活用し、受け入れ母体は私の個人工房とした。長年、失敗を目の当たりにしてきた市の職員や集落の人たちも面接官に加わり、結果、今年の採用は彼女のみ。彼女は晴れて村の一員になった。

技術継承だけが目的ではない。育成の仕組みを作り、教える側になること、しな布の魅力を楽しみ、醸成させ、多くの人々に還元できるようになること、従来の流通の悪習から脱した経済活動にすることなど、課題は山積みだ。しかし一番大切なことは、生きている実感を強烈に味わえるこの山暮らしを存分に楽しむことだ、と私は考えている。

その点は全く心配無用なようだ。技術指導をすると、習得が早いと感じる。ずっと自主練習をしていたそうで、その姿勢も関係するのだろう。それに、彼女は藍染だけでなく草木染の技能と知識も持っている。この山中は染料素材だらけだ。婆たちの寄り合いや村人との飲み会などにも誘えば二つ返事で来てくれるし、楽しめている様子。私にとっては、現代アート畑にいた感覚や、ここで得た知識やしな布のこと、人脈など、お互いに差し出せるものがあって、おもしろい相乗効果が生まれているのだ。

先日もこんなことがあった。新潟市に住む草木染作家の知人が、しな布の原料のシナノキ自体が染料になりうるのだから、媒染《ばいせん》（金属イオンで繊維と色素を繋ぐ）だけで色の変化が現れるのではないかと、鉄媒染でしな糸に試し染めをしてくれたことがあった。透き通るグレーが瑞々しく美しい。その試し染めの実物を彼女に見せると、「お歯黒作りましょう」

という。必要な素材を聞くと身近なものばかり。それなら今すぐ仕込めそうだ、と私が家の物置や道具類をひっくり返して探したのは、錆びた釘。我ながらどうかと思うほど、大量の錆釘が見つかった。雪囲いでたくさん釘は使うし、曲がったものを避けてそのまま忘れていたりしたものだ。そして家の台所の酢を工房に持ち込み、お歯黒媒染液を仕込んだ。金属イオンの種類次第で様々な色に染まるらしく、彼女は草木染図鑑を引っ張り出してきて私に見せて説明する。そこに載っていた「五倍子《ごばいし》」という個性強めの染料は、ウルシ科のヌルデにできる虫瘤《むしこぶ》だ。昔、まさしく既婚者の歯を黒く染める「おはぐろ」に使われた、など教えてくれた。シリコンの感触に似てプニプニの虫瘤なのだと愛おしそうに話す。タンニンが肝心らしい。その他、ヤシャブシの実の殻も使える、栗のイガもタンニン多めで、など話が弾むうち、「待てよ、ここは山だし、もっといろいろあるのでは？」と思い至ってしまった。

「今から山へ染料探しに行こう」と提案すると、彼女はパッと明るい顔を見せて糸績み練習の手を止め、すぐさま軍手を携えた。私もその辺にあったバケツとゴム手袋を持って出発した。

山を眺めているのではない。それこそ「狩り」の感覚だ。あらゆる緑に目を凝らす。自分たちの知識にも当然限界があって、図鑑を持ってくればよかったと悔いた矢先、彼女が「は！」と声を上げた。ヤシャブシだ。急な斜面に生えていて、昨年の実を付けたままだ。地面にも転がっている。実の中には小さな種が入っていた。おおかた採り終えると、二人とも上ばかり見るようになっていた。「贅沢だなあ」と彼女がポツリと言う。ヤシャブシの種を道端にまきながら、不明な草木は撮影し、工房に戻って正体を調べた。植物判定アプリもダウンロードしたけれど、山では電波が届かずに使えなかったのだ。撮影した写真がどんどんスマホに溜まっていく。

私一人がしな布の継承者として残っても仕方がない、と一人の弱さを痛感して始めた悪あがきだったけれど、今は、人一人の強さと可能性を猛烈に実感している。いろいろな案を常に出し合いながら、やりたいことに呼応し、足元を耕しながら進む。それ自体が途方もなくおもしろい。もちろん、力仕事や容易ではない仕事もたくさんあるけれど、それすらも楽しみながら、そこから新たなコトやモノが無限に生まれていくドラマチックな日々が始まったと感じる。積年の願いだったこの新たなフェーズに入った感触が、私はたまらなく嬉しいのだ。

ヤシャブシの実を見つけて収穫する。山はその名のとおり「宝の山」だった

特別原稿

再び鳴り始めた村の心音

「トンカラリ、ドンドン」

山熊田《やまくまだ》で初めて聞いた機織りの音は、心臓の鼓動のようだった。

今、私はそこで暮らし、機織りの音をたてている。


初来訪以来ずっとお世話になっていた家では、昼夜問わず隙あらば婆が作業をしていた。何かの繊維を割き、捻《ねじ》っては繋いで、ひたすら長い一本の糸を大きなカゴにモサッと溜めていく。達成感もなさそうな地味な手仕事は、シナの糸績《いとう》みだという。村には工房があって、覗くと三人の婆が黙々と織っている。どうやらこの村には、マタギだけでなく、シナノキなどの木の皮から布を織る伝統もあるらしかった。

もう日本では滅んだと思っていた山の暮らしが、電気や石油がないならないで生きていける自然との共存が、ここには現役で息づいていることに衝撃を受けた。周回遅れが、結果的に最先端とさえ思ってしまった。人々はおおらかで、私はすでに家族なのでは？　と錯覚するほどの距離感で仕事を教えてくれる。

結果、私はその家に嫁ぐことになり、本格的に山の暮らしが始まった。山の仕事のほとんどは家単位で行われるから、通いでは表面をなでるばかりで限界があった。一年の仕事はルーティンであり、牧歌的とはかけ離れた密度だ。田植えと山菜シーズンが落ち着くと、山に自生するシナノキの皮を剝ぎ、糸の素材になるよう仕込む時期に移る。樹皮の採取は危険が多く、体力も根気も必要だ。しかし、その現場に若者はいない。理由はすぐにわかった。

くだんの糸で織った布は日本三大原始布の一つ、羽越《うえつ》しな布《ふ》と呼ばれ、国の伝統的工芸品にも指定されている。二十数年前、村内に企業組合が設立され、しな布を一括して生産するようになった。現在の従事者は、遠方在住で非常勤の経理専門支配人、地元山熊田の織り手三人の計四人、全員婆だ。支配人はまさに文字どおり、戦力になる村の熟練者だけを集めて織らせ続け、若手を一人も育てなかった。補助金事業で若手を呼んでも使い捨て。村人を容赦なく蔑んで罵倒する彼女は、「調教できた」と満足そうだった。それでも村の活気が出て潤うならまだ救いもあるが、単なる搾取構造だ。そんな奴隷身分にわざわざ飛び込むような、奇特な嫁や娘など村にいるわけもなく、八人いる糸績み最年少は今や七十代。時代の変化もあり、村の伝統は滅びる寸前だった。どこから見たって泥舟だ。

しかしある日、機を織る婆が「シナが終わってしまうのは寂しいなあ」と、ポツリと言った。千年以上続いてきた営みが目の前で終わるのか……。この暮らしを学ぶとか偉そうなことを言ったくせに、続けていく覚悟には至れない。どうなろうが、とにかく技術だけは覚えておこうと、母ちゃん（義母）に糸績みまで教わってはきたが、共同作業だったものを、私一人の働きで果たして伝統は守れるのか。課題は山積みで重い。何から手をつけたらいいのだろう。婆たちが樹皮を剝いで布を織りあげるまでの一連の仕事や、山がそのまま布になったかのような強さと美しさが猛烈に魅力的だったから、そのぶん葛藤は激しかった。

とりあえず私は、布作りの一番の要である糸績み従事者を増やすため、隣の集落で講習会を始めた。雪で閉ざされる冬の間に一気に織りあげる布作りは、姑が糸を績み、機織りは嫁という分担作業だった。しかし組合の支配人は、各家で作った糸を買い取り、機織り専門の婆が通年で織るという分業制へと仕組みを変えた。それが慢性的な糸不足を招き、各人のキャパシティを超えた生産の要求でさらにバランスを崩し、村じゅうに負荷を強めた。結果、糸争いの喧嘩を頻発させていたのだ。熊肉も山菜も、徹底的に平等分配することでいさかいを避けてきたような村だから、それがひどく嫌だった。

幸運にも、近隣地域には高齢者がたくさんいる。呼びかけると「誰も行かねばジュンコさん（私のこと）がかわいそうだ」と、十五人ほどの優しい婆たちが講習会に参加してくれた。一朝一夕ではものにならない技術だが、一年間通い続けてくれた五人が新たに績み手となり、二年目にはそのうちの三人が旦那さんと共に山へ入り、皮剝ぎから仕込みまで全てを覚えてくれた。彼らに教えるたびに場数を踏むことになって、私にとっても大いに学びになった。

移住して三年目の秋が終わる頃、機織りの婆と支配人が入院して、組合は一気にガタついた。もう少し先だと思っていた絶滅問題は突然具体的になり、応急処置的に、私は組合の工房を手伝うことにした。私の行く末を案じて反対してくれる人もいたけれど、収支の一切が非公開のまま、村に利益が還元されない謎の仕組みを変える機会になりうるかもと思えたし、文化断絶の前に機織りを身体で覚えるのも急務だと考えたからだった。織り機は村じゅうから集められ、組合の工房にしかない。

彼女らが退院し軌道が戻り始め、支配人と今後を話し合うなか、決定的な亀裂が生じた。

「この村のしな布作りが滅びようが、私には関係ない。教育にも協力しないし一銭も出さない」――。

金儲けの手段として利用されるだけのこの村が、心底哀れに思えた。「出資金返してくれ。支配人がお前に言えと」と村人から言われたこともあって、組合の尻ぬぐいや出資者への対応を私にさせようという思惑も見えだした。真面目な人々が馬鹿を見る現実と、部外者が文化の消滅や他人の人生を勝手に決める屈辱、甘い汁を吸い尽くしておさらばという強欲さに、どこまでも悲しくなった。けれど、それに付き合う義理はない。

しな布文化の存続は、企業組合を健康にすることが一番の近道だったが、あの開き直りは絶望的だった。村の若い衆に相談すれば、「支配人が死ぬのを待て」「その前に村の婆たちが先に死ぬぞ」「んだなあ……」で沈黙。彼らの冷めた諦めと、腫れ物に触りたがらない思いは強く、私は一つ挫折したのだった。

機織りは続けた。一通りの工程もおおむね覚えて、婆たちも腕を認めてくれるようになってしばらくした頃、もがいても覆らないことに向ける労力を別の解決策へ注ぎたいと、新たに工房を立ち上げる案を母ちゃんに相談した。組合が突然コケても活路のある状態を作っておくためだ。

組合発足時のスタメンだった母ちゃんは、支配人の性質を早々に察知して、山暮らしにとっては相当な大金を出資したまま辞めたのだった。だからだろう、争いや私の行いの一部始終を見て、強く同調してくれた。ちょうど空いた家の家主と話をつけ、新たな工房設立に立ち上がってくれたのだ。

空き家の大掃除は過酷だった。大自然の中にある山熊田は、とりわけ虫が多い。ゴザを剝がすとカメムシが一面にいた。うごめくゴミ袋に身の毛がよだつ。こういう時の婆は最強だ。空き家を管理する近所の婆も加勢してくれて、心が折れるたびに助けてくれる。置き去り品や敷物、家具など、廃品は軽トラ十杯分ほどあっただろうか。マスクをしても鼻の中は毎日セピア色、カメムシパウダー高配合だ。併設のボロ小屋を解体すれば、近所の家が薪にと持って行く。家の廃材は、その家の持ち主が燃やすのは禁忌であるらしい。

内装もなかなか強敵で、昭和に流行ったラメ入りの砂壁はボロボロだった。このままではキラキラしたしな布になってしまう。壁に化粧板を打ち付ける大工仕事をしていると、その音を聞きつけてか、興味津々な様子で村の婆たちが集まってきた。おのおの、機道具を抱えている。

村人が持ってきてくれた織り機の部品を前に、
待ちきれず早速組み立て始める婆たち

機織り機や道具類はすべて組合の工房に集められたと聞いていたし、母ちゃんの高機《たかばた》も組合に収容されたままだった。しかし実はまだ家に保管していた人がいて、おのおのが納屋や二階の道具置き場からかき集めてくれたのだ。一気に二台もの高機が組まれた。その他にも、母ちゃんの嫁入り道具だった旧式の居座機《いざりばた》、縦糸を作る整経台《せいけいだい》、糸車など、ご先祖手製の道具類が数十年ぶりに磨かれていく。ワクワクが止まらない。婆たちも女子会みたいにはしゃいでいる。

機を組んでいくと、足りないものや型が合わない道具が出てくる。私がやるのはやはり大工仕事だ。ノミで溝を掘り、鋸《のこ》で長さを合わせて機が完成すると、今度は「早く機を織れ」と急かされる。待って待って、壁貼りが全然終わってない。入籍以来続く「子供はまだか攻撃」だけでなく、「もう織ってるか?」と挨拶代わりに聞かれ始めた日々は、鬱陶しいけど嬉しかった。私も楽しみだし、婆たちに滲み出る興奮が俄然やる気にさせた。きっと組合を作ったあの頃、一度夢を見たはずだ。今度こそは、というメッセージを、息を吹き返して日々増えて並ぶ機道具たちからも受け取れた。

機織り場の一階の改修をひとまず終えて、村の婆全員を呼んでささやかなお披露目会をした。ご馳走は仕出しのカツ丼だ。機織り全盛期の昔話、自慢話、組合ができる前の取引先だった米沢の呉服屋との楽しかった思い出話に花が咲く。「ジョンコさん、がんばれよ」「一人で背負うんでねぞ」「大っぴらに言えねども、応援すっさげ」と、その時もらった激励の言葉は、今でも言い続けてくれている。

機は、トンカラリ、ドンドン、と音を出す。清流沿いのここは、そよ風が気持ちいいので窓を開けていると、機織りの音が村に響くらしい。「昔みてえだな。いい音だ」と、村の婆たちが嬉しそうに訪ねてきては窓からヒョコッと顔を出す。機は村の心音のように、一定のリズムで小気味良く鳴る。

私は新たな工房での目標を決めた。自分が欲しいと思えるものを作ること、この村の伝統だった居座機を復活させること、一人でも多くの若手を育てること、この三つだ。経済活動と伝統継承を両立させるにはどれほどの時間がかかるだろうか。季節ごとの仕事の合間に機を織るからハイペースというわけにもいかないが、最大限尽くそう。

この村で作るしな布は素朴でありながら上品で、現在は着物の帯としての流通がほとんどだ。絶滅の危機を聞きつけて買い占める呉服屋もある様子。すべての工程が手作業のうえ、樹皮、灰、米糠《こめぬか》と、自然のものしか使わないサスティナブルな布は、生産量に限りがある。呉服屋が高級嗜好品として扱う以前は、軽くて丈夫な特性を生かし、木の実や焼畑の収穫物を担ぎ下ろす角袋、蚊帳や藁布団カバーなど生活道具として、山の暮らしに役立ってきたものだ。

この素材だからこその、現代の暮らしに生きる使い方をと考えて、私はバゲットバッグを考案試作した。霧吹きで袋ごと湿らせれば、美味しさ長持ちの保存袋にもなる。買い物も楽しくなると嬉しい。そして何より、感性豊かな人を惹きつける狼煙《のろし》になってくれればと、東京での展覧会で発表した。しな布を初めて見る方ばかりで、山の営みも含めて強く関心を示してくれた。そりゃそうだ。私も来るまでは知らなかったし、呉服屋直通で地元民でさえ反物を見たことがないような、閉じた世界の一品だったのだから。来場者の好奇心ははちきれそうだった。人が人を呼んできてくれ、それがそのまま私のエネルギーになった。樹皮で織る力強い布とその歴史が、まだ生きたいと私の背中を押しているようでもあった。

先行き暗い限界集落に嫁いで活動するさまがもの珍しいようで、メディア取材が増えた。ありがたいことに講演や講義、展覧会などの機会をいただくことも増えた。どうせ修業の身だからと、より一層糸の強さや美しさを活かせる、今までになかったしな織りの表現の研究も進めた。アクションを起こすたび、その露出や反響は小さな変化を生んだ。

私が山熊田に暮らしてから、嫁世代だけのポットラック女子会（飲み会）を毎月開催しているのだが、新工房を会場にした時のことだった。

「この前の展覧会どうだった？」「これが機？　どうやるの？」「新聞に載ってたやつどれ？」と興味津々。「緯糸を杼《ひ》でシャーと通して筬《おさ》を打ち込むんだ」と簡単に説明すると、「筬ってどれのことよ？　わかんないから教えて！」と質問攻めを食らった。こんな感触、今まであり得なかった。

またとある日。近所の方の孫が、大学時代の友人を連れて村に遊びに来た。「新たな仲間」の章で登場した彼女だ。遠方在住の彼女は、しな布を織る祖母が大好きで興味もあるが、難度が高いと感じたのか遠慮がちに見えた。

「試しに織ってみるか？　下手なところは遠慮なく解くから、心おきなくやってごらん」と工房へ誘い、体験用ではなく私の機に座らせた。二人とも急に本気の目になった。放っ

居座機の実演と説明に熱心に耳を傾け、応援
してくれる方々

ておけばいつまでも、という夢中になりよう。そして祖母の家に戻った二人はなんと、糸績みの練習をやりだした。孫に至っては「私が山の婆の家を継ぐ！」と、使命感全開で張り切っていた。

おもしろがってくれる人たちがいる。応援してくれる人たちもいる。ご先祖や、今まで続けてきた婆先生たちがいる。若い世代もいる。未来がどうなるかなんて誰にもわからないけれど、おもしろくすることはできる。みんながいればもっとできる。村ができてからずっと存在している居座機が四十年ぶりに立ち直り、私をまるごと呑み込んで、再び鼓動を打ち始めた。

小さな村の小さな心音、どこまでも響いてゆけ。

現代アートを続けていたら、いつのまにかマタギの嫁になっていた

本書は
雑誌『望星』（東海教育研究所）の
連載に加筆修正を行ない、
再編集のうえ書籍化しました。

装画－西山寛紀
ブックデザイン－天池 聖（drnco.）
校正－與那嶺桂子
地図－北村優子（シグメディア）
編集－佐々木 惣（山と溪谷社）

二〇二四年三月二十日 初版第一刷発行

著者 大滝ジュンコ
発行人 川崎深雪
発行所 株式会社 山と溪谷社
郵便番号 一〇一－〇〇五一
東京都千代田区神田神保町一丁目一〇五番地
https://www.yamakei.co.jp/

●乱丁・落丁、及び内容に関するお問合せ先
山と溪谷社自動応答サービス 電話〇三－六七四四－一九〇〇
受付時間／十一時～十六時（土日、祝日を除く）
メールもご利用ください。
【乱丁・落丁】service@yamakei.co.jp 【内容】info@yamakei.co.jp
●書店・取次様からのご注文先
山と溪谷社受注センター 電話〇四八－四五八－三四五五
ファックス〇四八－四二一－〇五一三
●書店・取次様からのご注文以外のお問合せ先
eigyo@yamakei.co.jp

印刷・製本 株式会社シナノ
定価はカバーに表示してあります

Printed in Japan ISBN978-4-635-33080-0